不動産登記の書式と解説

書式と解説

第 **8** 巻

代位・登記名義人の
表示変更（又は更正）・
抹消回復に関する登記

不動産登記実務研究会　著

日本加除出版株式会社

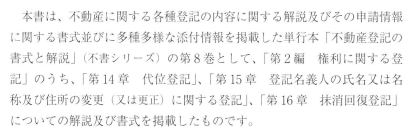

は　し　が　き

　本書は、不動産に関する各種登記の内容に関する解説及びその申請情報に関する書式並びに多種多様な添付情報を掲載した単行本「不動産登記の書式と解説」（不書シリーズ）の第8巻として、「第2編　権利に関する登記」のうち、「第14章　代位登記」、「第15章　登記名義人の氏名又は名称及び住所の変更（又は更正）に関する登記」、「第16章　抹消回復登記」についての解説及び書式を掲載したものです。

　第8巻においては、「民法等の一部を改正する法律」（令和3年法律第24号）による不動産登記法の一部改正において新設された「所有権の登記名義人の氏名等の変更の登記の申請」義務（改正法76条の5）、及び令和6年4月1日から施行される改正不動産登記令（令和5年政令第297号）別表23項（登記名義人の氏名若しくは名称又は住所についての変更の登記又は更正の登記）、別表25項（権利の変更の登記又は更正の登記）の申請情報についての解説を新たに掲載しました。

　第8巻の利用に当たっては、日本加除出版株式会社刊行の小池信行・藤谷定勝監修、不動産登記実務研究会編著『Q＆A権利に関する登記の実務ⅩⅢ　第6編』の変更の登記／更正の登記／抹消回復の登記、『Q＆A権利に関する登記の実務ⅩⅣ　第7編』の代位による登記を併せて活用していただければ、より一層、理解を深めていただけるものと思います。

　本書が、不動産登記実務に携わる方々はもとより、登記手続についての理解を深めようとされている一般の方々にも広く活用され、不動産登記制度の円滑な運用にいささかでも資することになれば幸いです。

　終わりに、第8巻の刊行に当たっては、同社編集部企画編集グループの松原史明課長補佐、井出美緒主任に精力的に編集作業を進めていただきました。紙面をお借りして心から感謝申し上げます。

令和6年2月

不動産登記実務研究会

代　表　　後　藤　浩　平

凡　例

●本文中に掲げる法令・先例・出典については、次の略記とします。

〔法令〕

民………………………民法（明治 29 年 4 月 27 日法律第 89 号）

法………………………不動産登記法（平成 16 年 6 月 18 日法律第 123 号）

　改正法…………民法等の一部を改正する法律（令和 3 年 4 月 28 日法律第 24 号）による改正不動産登記法

令………………………不動産登記令（平成 16 年 12 月 1 日政令第 379 号）

　改正令…………不動産登記令等の一部を改正する政令（令和 5 年 10 月 4 日政令第 297 号、施行日：令和 6 年 4 月 1 日）による改正不動産登記令

規則……………………不動産登記規則（平成 17 年 2 月 18 日法務省令第 18 号）

準則……………………不動産登記事務取扱手続準則（平成 17 年 2 月 25 日法務省民二第 456 号民事局長通達）

登免税法………………登録免許税法（昭和 42 年 6 月 12 日法律第 35 号）

登免税法施行令………登録免許税法施行令（昭和 42 年 6 月 26 日政令第 146 号）

登免税法施行規則……登録免許税法施行規則（昭和 42 年 6 月 30 日大蔵省令第 37 号）

区分所有法……………建物の区分所有等に関する法律（昭和 37 年 4 月 4 日法律第 69 号）

住基法…………………住民基本台帳法（昭和 42 年 7 月 25 日法律第 81 号）

〔出典〕

民集……最高裁判所民事判例集

大民集…大審院民事判例集

凡　例

高民集…高等裁判所民事判例集
下民集…下級裁判所民事裁判例集
民録……大審院民事判決録
金法……金融法務事情

● 本巻掲載の記録例

記録例については、各事例に相当する登記の記録例がある場合、平成28
年6月8日法務省民二第386号民事局長通達を参考に、一部数値等を事例
にあわせて変更し、掲載しております。

目　　次

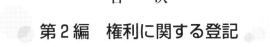
第2編　権利に関する登記

第 15 章　登記名義人の氏名又は名称及び住所の変更（又は更正）に関する登記 ─── 135

第 16 章　抹消回復登記 ——————————————————— 215

———— 不動産登記の書式と解説シリーズ ————

「第6巻　根抵当権・先取特権・質権に関する登記」目次

── 不動産登記の書式と解説シリーズ ──

「第7巻　地上権・永小作権・地役権・採石権・賃借権・
配偶者居住権に関する登記」目次

第14章 代位登記

第1節 総説

第1 代位登記の意義等

1 代位登記の意義

　登記は、法令に別段の定めがある場合を除き、当事者の申請又は官庁若しくは公署の嘱託がなければ、することができない（法16条1項）。

　「当事者」とは、表示に関する登記にあっては、表題部所有者又は所有権の登記名義人若しくはこれらの相続人その他の一般承継人であり（法30条参照）、権利に関する登記にあっては、登記権利者、登記義務者又は登記名義人若しくはこれらの相続人その他の一般承継人を意味する（法62条参照）。登記の申請がこれらの当事者に委ねられているのは、これらの者が、当該不動産について、登記すべき目的、登記原因及びその日付、登記の内容等を熟知しており、真正な事実関係に基づいた登記の申請がされ、虚偽の登記が防止されるものと考えられるからであり、官庁又は公署が関与する登記について、当該官公署の嘱託によるとしているのも、同様の趣旨に基づくものである。

　以上の原則は、登記実務上、「申請主義」といわれているが、民法その他の実体法においては、申請を当事者以外の他人が代わってすることが認められている。このような当事者に代わる第三者による申請を「代位申請」といい、代位申請によってされる登記を「代位登記」という。

　不動産登記法においては、民法423条その他の法令の規定により他人に代わって登記を申請した者（代位者）があるときは、当該代位者の氏名又は名称及び住所並びに代位原因が、権利に関する登記の登記事項となるものとされている（法59条7号）。

2　民法の規定による代位登記

⑴　民法 423 条 1 項の規定による代位登記

　　民法 423 条 1 項本文は、「債権者は、自己の債権を保全するため必要があるときは、債務者に属する権利（以下「被代位権利」という。）を行使することができる。」と規定している。保全されるべき「自己の債権」として想定されているのは金銭債権であるから、その債権を「保全するため必要があるとき」、すなわち、放置しておくと債務者が無資力（債務超過）に陥り、債権者が、債権全額の弁済を受けられなくなってしまう場合には、債権者が、債務者に代わって、その権利を行使することができる。

　　そこで、例えば、甲が、乙に対して金銭債権を有している場合において、乙には金銭債務を担保すべき財産がなく、何らかの事情により無資力に陥ってしまったという状況にあるときに、乙の父親である丙が死亡したため、乙は、同じく丙の子である丁とともに、丙所有の不動産を相続したことから、甲は、乙及び丁が当該不動産について相続の登記をした後に、乙の持分について差押えをしたいと考えているところ、乙が相続の登記を申請しようとしないときは、甲は、自己の乙に対する金銭債権を保全するため、債権者代位権に基づき、乙に代わって、当該不動産について、乙及び丁のための法定相続分による相続の登記を申請することができる。

　　なお、債務者乙の一身に専属する権利及び差押えを禁じられた権利については、債権者代位権を行使することができない（同項ただし書）。

⑵　民法 423 条の 7 の規定による代位登記

　　不動産に関する物権の得喪及び変更は、不動産登記法その他の登記に関する法律の定めるところに従いその登記をしなければ、第三者に対抗することができない（民 177 条）。

　　そのため、例えば、不動産の所有権が甲から乙、乙から丙へと順次移転したにもかかわらず、当該不動産の所有権の登記名義が、依然として、甲のままである場合において、現在の所有者である丙が第三者対抗要件である所有権の移転の登記を受けるためには、甲から乙への

所有権の移転の登記がされていることが前提となるところ、乙が、甲に対する登記請求権を行使しないときは、判例及び通説は、丙は、自己の乙に対する所有権移転の登記請求権を実現するため、債権者代位権に基づき、乙に代わって、甲から乙への所有権の移転の登記を申請することができるとしていた。

そこで、平成 29 年法律第 44 号による「民法の一部を改正する法律」において、この判例法理が明文化され、「登記……をしなければ権利の得喪及び変更を第三者に対抗することができない財産を譲り受けた者は、その譲渡人が第三者に対して有する登記手続……をすべきことを請求する権利を行使しないときは、その権利を行使することができる。」旨の規定が設けられた（民 423 条の 7）。なお、同条に規定する「登記……をしなければ権利の得喪及び変更を第三者に対抗することができない財産」には、登記をしなければ権利の得喪及び変更の効力が生じない（登記が対抗要件にとどまらず効力要件となっている）財産（例えば、共同根抵当権の変更について民 398 条の 17 第 1 項参照）も含まれると解される。

3　民法以外の法令の規定による代位登記

民法以外の法令の規定による代位登記の主要なものは、次のとおりである。

(1)　不動産登記法の規定によるもの

① 河川管理者による分筆の登記の代位

河川管理者は、ある土地の全部又は一部が、河川法で定める河川区域内等の土地となったとき、又はそのような土地でなくなったときは、遅滞なく、その旨の登記又はその旨の登記の抹消を登記所に嘱託しなければならない（法 43 条 2 項・3 項）。また、土地の一部について当該登記の嘱託をするときには、河川管理者は、当該土地の表題部所有者若しくは所有権の登記名義人又はこれらの者の相続人その他の一般承継人に代わって、当該土地の分筆の登記を登記所に嘱託することができるとされている（同条 4 項）。

　　河川管理者による分筆の登記の代位を認めているのは、河川管理者が、土地の所有者よりも、当該土地の物理的現況を正確に把握できる立場にあることによるためであると考えられる。

② 　区分建物の所有者による表題登記又は表題部の変更の登記の代位
　ア　表題登記の代位

　　区分建物が属する1棟の建物が新築された場合又は表題登記がない建物に接続して区分建物が新築されて1棟の建物となった場合における当該区分建物についての表題登記の申請は、当該新築された1棟の建物又は当該区分建物が属することとなった1棟の建物に属する他の区分建物についての表題登記の申請と併せてしなければならないとされている（法48条1項）。

　　そのため、区分所有者が、原始的に複数である場合に、そのうちの一人が区分建物の表題登記の申請をしないときは、当該1棟の建物に属する他の区分建物についても表題登記をすることができないことから、当該他の区分建物の所有者が、著しい不利益を被ることになる。そこで、法48条1項の場合において、当該区分建物の所有者は、他の区分建物の所有者に代わって、当該他の区分建物についての表題登記を申請することができるとされている（同条2項）。

　イ　表題部の変更の登記の代位

　　表題登記がある建物（区分建物を除く。）に接続して区分建物が新築された場合における当該区分建物についての表題登記の申請は、当該表題登記がある建物についての表題部の変更の登記の申請と併せてしなければならないとされている（同条3項）。

　　そのため、この場合において、当該区分建物の所有者は、当該表題登記がある建物の表題部所有者若しくは所有権の登記名義人又はこれらの者の相続人その他の一般承継人に代わって、当該表題登記がある建物についての表題部の変更の登記を申請することができるとされている（同条4項）。

③ 　表題登記がある建物（区分建物を除く。）の表題部所有者又は所有

権の登記名義人による区分建物の表題登記又は表題部の変更の登記
の代位
ア　表題登記の代位

　　表題登記がある建物（区分建物を除く。）に接続して区分建物が
新築されて１棟の建物となったことにより当該表題登記がある建
物が区分建物になった場合における当該表題登記がある建物につ
いての表題部の変更の登記の申請は、当該新築に係る区分建物に
ついての表題登記の申請と併せてしなければならないとされてい
る（法52条１項）。

　　そこで、この場合において、当該表題登記がある建物の表題部
所有者又は所有権の登記名義人は、当該新築に係る区分建物の所
有者に代わって、当該新築に係る区分建物についての表題登記を
申請することができるとされている（同条２項）。

イ　表題部の変更の登記の代位

　　いずれも表題登記がある二以上の建物（区分建物を除く。）が増
築その他の工事により相互に接続して区分建物になった場合にお
ける当該表題登記がある二以上の建物についての表題部の変更の
登記の申請は、一括してしなければならないとされている（同条
３項）。

　　そこで、この場合において、当該表題登記がある二以上の建物
のうち、表題登記がある一の建物の表題部所有者又は所有権の登
記名義人は、表題登記がある他の建物の表題部所有者若しくは所
有権の登記名義人又はこれらの者の相続人その他の一般承継人に
代わって、当該表題登記がある他の建物について表題部の変更の
登記を申請することができるとされている（同条４項）。

④　信託契約の受益者又は委託者による信託の登記の代位

　　信託の登記の申請は、当該信託に係る権利の保存、設定、移転又
は変更の登記の申請と同時にしなければならず（法98条１項）、当
該二つの登記の申請は一の申請情報によってしなければならないが
（令５条２項）、信託の登記自体は、受託者が単独で申請することが

できるとされている（法98条2項）。

　ところで、信託行為において、信託財産に属すべきものと定められた財産のほか、信託法の規定によって信託財産に属するものとされる財産、例えば、受託者甲が、信託財産に属する金銭で乙から買い受けた不動産（信託法16条1号参照）について、当該不動産が信託財産に属することを第三者に対抗するためには、乙から甲への所有権の移転の登記と信託の登記をすることを要するが、当該所有権の移転の登記は、信託による権利の移転には該当しないから、法98条1項の同時申請の規定は適用されない。したがって、上記の対抗要件を備えるためには、売買による所有権の移転の登記と信託の登記を各別に申請することになるところ、受託者甲が、乙との共同申請による所有権の移転の登記のみを申請し、甲の単独申請による信託の登記は申請しないという事態が生じることが、想定される。

　そこで、信託の登記については、本来の申請権者である受託者に代わって、受益者又は委託者が申請することができるとされている（法99条）。

　なお、信託財産に属する不動産に関する権利について、受託者への所有権の移転等の登記と信託の登記が各別にされる場合としては、上記の事例のほかに、信託の登記をする信託財産についての受託者の権限違反の行為が取り消された場合（信託法27条2項1号）、又は受託者が分別管理義務（同法34条）に違反したことから、信託財産に属する不動産に関する権利について、信託財産に復旧する場合が考えられる。このような場合の信託の登記についても、受益者又は委託者による代位申請が認められる。

(2)　その他の法令の規定によるもの

①　土地改良法による代位登記

　土地改良法が定める各種の事業の実施に当たっては、事業種別によって、換地処分による登記（土地改良法55条、土地改良登記令4条）、農用地の保全又は利用上必要な施設に係る登記（土地改良登記令20条・21条）、交換分合の登記（土地改良法106条・111条、土地

改良登記令 23 条から 30 条）等をする必要が生じるが、これらの登記
をするに当たって、登記事項に変更が生じているにもかかわらず、
変更等の登記申請について、当該土地の所有者又は所有権の登記名
義人の協力が得られない場合がある。

　そこで、この場合には、当該事業を適正かつ円滑に実施するため、
土地改良法及び土地改良登記令において、事業施行者が、表題部所
有者若しくは所有権の登記名義人又はこれらの相続人その他の一般
承継人に代わって、一定の登記の申請をすることが認められている
（土地改良法 114 条、土地改良登記令 2 条）。これらの代位には、土地
改良事業による登記の前提となる登記の代位と、土地改良事業の施
行のための登記の代位がある。

　前者の代位として認められるのは、不動産の表題登記（土地改良
登記令 2 条 1 号）、不動産の表題部の登記事項に関する変更の登記又
は更正の登記（同条 2 号）、登記名義人の氏名若しくは名称又は住
所についての変更の登記又は更正の登記（同条 3 号）、所有権の保
存の登記（同条 4 号）、相続その他の一般承継による所有権の移転
の登記（同条 5 号）である。

　後者の代位は、土地改良事業の対象土地について、分筆又は合筆
の登記手続をする必要が生じた場合に、事業施行者が、当該土地の
所有者に代わってする当該土地の分割又は合併の手続である（土地
改良法 114 条 1 項）。また、1 筆の土地の一部が土地改良事業の区画
に編入されている場合の当該一部の分筆の登記申請についても代位
することができる（同条 2 項）。

② 　その他の法令による代位登記
　上記①の土地改良法に定める代位登記と同趣旨のものは、各種の
公共事業の施行を規制する法令においても、広範に認められている。
これらを列記すると、次のとおりである。
・入会林野等に係る権利関係の近代化の助長に関する法律 14 条、
　同法律による不動産登記に関する政令 2 条
・権利移転等の促進計画に係る不動産の登記に関する政令 5 条

・国土調査法 32 条の 2 第 1 項
・新住宅市街地開発法等による不動産登記に関する政令 2 条
・都市再開発法 131 条、同法による不動産登記に関する政令 2 条
・土地区画整理法 82 条、土地区画整理登記令 2 条
・農地中間管理事業の推進に関する法律による不動産登記の特例に
　関する政令 2 条
・マンションの建替え等の円滑化に関する法律 92 条、同法律によ
　る不動産登記に関する政令 2 条
・密集市街地における防災地区の整備の促進に関する法律 275 条、
　同法律による不動産登記に関する政令 2 条

第2　代位登記の申請情報

　民法 423 条その他の法令の規定により他人に代わって登記を申請すると
きは、申請人が代位者である旨、当該他人の氏名又は名称及び住所並びに
代位原因を申請情報の内容とするものとされている（令 3 条 4 号）。

1　申請人

　他人に代わって登記の申請を行う場合、「申請人」として、代位する債
権者の氏名又は名称及び住所を記載する（令 3 条 1 号）。併せて、当該申請
が代位によるものであることを明示するため、当該債権者の住所の表示の
前に「代位者」と記載するのが、登記実務における取扱いである。

　なお、「申請人」として記載するのは、当該登記が、登記名義人の氏名
等の変更又は更正の登記や相続の登記等の単独で申請することができる場
合には代位債権者のみであるが、当該登記が、売買による所有権の移転の
登記や抵当権の設定の登記等の共同申請である場合には、登記権利者（買
主、抵当権者等）及び登記義務者（所有権の登記名義人等）も記載しなけれ
ばならない。

2　当該他人（被代位者）

　他人に代わって登記の申請を行う場合、「当該他人」として、代位され

る債務者（被代位者）の氏名又は名称及び住所を記載する。

　債務者は、当該登記における登記権利者であるから、「権利者（被代位者）」と記載した上で、それに続けて当該権利者の住所及び氏名又は名称を記載するのが、登記実務における取扱いである。

3　代位原因

　代位登記における代位原因とは、法令の規定により代位登記が認められる場合に、その要件とされる法律関係又は事実関係である。

(1)　債権者代位権による場合

①　被保全債権が金銭債権である場合

　被保全債権が金銭債権である場合の典型例は、丙に対して貸金債権を有する甲が、丙が乙から不動産を買い受けたことによる乙に対する丙の所有権移転登記請求権を代位で行使した上で、当該不動産を差し押さえることによって、自己の債権を保全するという場合である。この場合の登記原因は、当該金銭消費貸借とその成立年月日をもって、「令和何年何月何日金銭消費貸借の強制執行」とするのが、登記実務の取扱いである。

②　被保全債権が金銭債権でない場合

　被保全債権が金銭債権でない場合の典型例は、不動産の所有権が甲から乙、乙から丙へと、順次、売買により移転したにもかかわらず、乙が、自己に対する所有権の移転の登記を申請しないため、当該不動産の所有権の登記名義人が甲のままになっていることから、丙が、乙の甲に対して有する所有権移転登記請求権を行使する場合である。この場合の登記原因は、乙・丙間の売買契約とその成立年月日をもって、「令和何年何月何日売買の所有権移転登記請求権」とするのが、登記実務の取扱いである。

(2)　法定代位による場合

　不動産登記法その他の法令の規定において、代位登記によることが直接に認められている場合は、法定代位に該当することから、代位原因の表示は、その根拠となる法令の規定による旨を表示するのが、登

記実務の取扱いである。例えば、代位登記が都市再開発法 131 条の規定による場合の代位原因は「都市再開発法第 131 条」とし、都市再開発法による不動産登記に関する政令 2 条の規定による場合の代位原因は「都市再開発登記令第 2 条」とするものとされている（昭和 45・4・28 民事甲第 1777 号民事局長通達）。

　また、代位登記が法 48 条 2 項の規定に基づく区分建物の所有者による表題登記の場合（前掲第 1 の 3(1)②ア（4 頁）参照）の代位原因は「不動産登記法第 48 条第 2 項による代位」とするものとされているから（昭和 58・11・10 民三第 6400 号民事局長通達第二・二・2）、これに倣い、信託契約の受益者又は委託者による信託の登記の場合（前掲第 1 の 3(1)④（5 頁）参照）の代位原因は「不動産登記法第 99 条による代位」と記載することになると考えられる。

第3　代位登記の添付情報

1　代位原因を証する情報

(1)　意義

　民法 423 条その他の法令の規定により他人に代わって登記を申請するときは、代位原因を証する情報（代位原因証明情報）を提供しなければならない（令 7 条 1 項 3 号）。

　民法 423 条の規定による代位の場合における代位原因証明情報は、債権者代位の原因となる法律関係又は事実関係を証する情報であり、これらの情報が文書に記録されたものであるときは、当該文書は、必ずしも公文書であることを要せず、私文書でも差し支えない（昭和 23・9・21 民事甲第 3010 号民事局長通達）。また、文書は原本を提供することが原則であるが、その還付を請求することができ（規則 55 条）、官公署の登記嘱託に提供された代位原因証明情報が、当該官公署の作成に係る謄本である旨の認証があるものであるときは、別に原本を提供することを要しないとされている（昭和 37・2・23 民事甲第 325 号民事局長通達）。

(2)　**具体例**

①　被保全債権が金銭債権である場合

　　甲から乙に売り渡された不動産について、乙の債権者丙が、仮差押決定を得て、乙に代位して、甲と共に甲から乙への所有権の移転の登記を申請する場合の代位原因証明情報は、当該仮差押決定の正本であり（昭和26・11・26民事甲第2267号民事局長通達）、被相続人が設定した抵当権を実行するために、相続人に代位して、相続による所有権の移転の登記を申請する場合の代位原因証明情報は、当該抵当権の実行としての競売の申立てを受理した旨の裁判所の証明書であるとされ、この場合の代位原因は、「年月日設定の抵当権の実行による競売」とするのが相当であるとされている（昭和62・3・10民三第1024号民事局長回答）。

　　また、遺産分割の審判書の主文において、被相続人の遺産である不動産を競売して換価し、その売却代金を共同相続人間で分配することを命じられた場合（換価分割。家事事件手続法194条1項）、当該競売手続により売却された不動産について、買受人に対する所有権の移転の登記をするときは、その前提として、相続による所有権の移転の登記（以下「相続登記」という。）をしなければならないとされている（昭和58・3・28民三第2232号民事局長回答）。そこで、当該相続登記の登記権利者又は一般承継人でない分配を受けるべき相続人のうちの一部の者が、当該換価分割を実現する前提として、当該審判書を代位原因証明情報として提供し、他の相続人を代位して、当該相続登記を申請することができるとされており、この場合の代位原因は、「年月日遺産分割審判による競売」とするのが相当であるとされている（令和2・6・29民二第445号民事第二課長通知）。

　　なお、金銭債権を担保するために抵当権が設定され、その登記がされている場合において、抵当権者が、当該不動産の所有権の登記名義人に代位して、当該不動産について表示の変更の登記を申請するときは、代位原因が登記上明らかであるから、重ねて代位原因証明情報を提供する必要はなく、この場合は、申請情報の添付書類欄

に「代位原因を証する情報は令和何年何月何日受付第何号をもって
本物件に抵当権設定登記済につき提供省略」と記載すれば足りると
されている（昭和35・9・30民事甲第2480号民事局長通達）。また、
同様の趣旨から、抵当権の実行による競売開始決定に基づく差押え
の登記がされている不動産について、抵当権者から所有権の登記名
義人に代位し、買戻権者と共同で買戻しの特約の登記の抹消の申請
があった場合には、これを受理して差し支えないとされている（平
成8・7・29民三第1368号第三課長通知）。

② 被保全債権が登記請求権である場合

　登記請求権は、通常、不動産に関する物権変動を内容とする債権
契約の成立によって生じるから、これを証する情報として、例えば、
被保全権利が売買を原因とする所有権移転登記請求権である場合の
売買契約書、抵当権設定登記請求権である場合の抵当権設定契約書
を提供することになる。他方で、被保全権利が、賃借権設定登記請
求権である場合、賃借権は債権であるから、賃借権の設定契約のみ
で当然に登記請求権が生じることはない。そのため、代位原因証明
情報として、当該賃借権について登記する旨の特約があることを証
する情報の提供を要すると考えられる。

　当事者間で作成された契約書等だけでなく、債務者に対して、債
権者のために登記手続をすべきことを命ずる確定判決の判決書の正
本（確定判決と同一の効力を有するものの正本を含む。）も代位原因証明
情報となり得る。例えば、被告乙に対し、その所有する土地の一部
について、原告甲のために、売買を原因とする所有権の移転の登記
手続をすべきことを命ずる確定判決の正本は、甲が、乙に代位して、
当該土地の一部について、分筆登記を申請する場合の代位原因証明
情報とすることができる。ただし、被告乙の土地の一部について、
原告甲が所有権を有する旨を確認する判決は、甲の乙に対する登記
請求権を認めるものではないから、当該確定判決の正本を、甲によ
る分筆の登記の代位申請の代位原因証明情報とすることはできない。

　なお、共有物分割の裁判又は訴訟上の和解によって共有物が分割

された場合において、共有者の一部の者が分筆の登記の申請をしないときは、他の共有者が、当該共有者に代位して分筆の登記を申請することができ、この場合には、共有物分割の確定判決又は和解調書の正本を代位原因証明情報とすることができるとされている（平成6・1・5民三第265号第三課長回答）。

(3)　**詐害行為取消権が行使された場合**

　　乙が、所有不動産を丙に譲渡して所有権の移転の登記をしたが、乙の債権者である甲が、丙に対し、当該譲渡は詐害行為に当たるとして、その取消しの訴えを提起し、当該所有権の移転の登記の抹消を命ずる確定判決を得た場合、甲は、債権者代位により、単独で、当該抹消の登記を申請することができると解される。登記先例は、抵当権の設定の登記の抹消について、同様の見解に基づき、確定判決の判決書の正本を登記原因証明情報及び代位原因証明情報として、勝訴判決を得た債権者が、単独で、当該抵当権の設定の登記の抹消の登記を申請することができるとしている（昭和38・3・14民事甲第726号民事局長回答）。

2　その他の添付情報

　代位原因証明情報のほか、代位による登記申請の場合であっても、登記原因証明情報、登記権利者の住所を証する情報、登記義務者の登記識別情報又は登記済証及び印鑑証明書等を提供又は添付しなければならない。ただし、国又は地方公共団体が、一般私人に代位して、権利に関する登記を嘱託する場合には、登記識別情報又は登記済証を提供又は提出する必要はない（昭和25・8・18民事甲第2204号民事局長通達）。なお、この登記先例は、代位登記の当事者間の売買契約書、代位登記に係る登記義務者の登記承諾書及び代位原因証明情報を提供して、代位による所有権の移転の登記をすることができるとするものであり、直接に登記済証の提出を要しないとしているものではない。

第4　代位登記における登記識別情報等の通知

　登記官は、その登記をすることによって申請人自らが登記名義人となる

場合において、当該登記を完了したときは、法務省令で定めるところにより、速やかに、当該申請人に対し、当該登記に係る登記識別情報を通知しなければならないとされている（法21条本文）。

　当該登記識別情報は、「自らが登記名義人となる申請人」に対して通知されるものであるところ、代位申請における代位債権者（代位者）は申請人ではあるが、当該登記をすることによって、自らが登記名義人となる者ではない。また、登記権利者である債務者（被代位者）は当該登記をすることによって登記名義人となる者ではあるが、申請人ではない。したがって、代位者及び被代位者のいずれに対しても、登記識別情報は通知されない。そのため、後日、被代位者が登記義務者として、登記権利者と共同して権利に関する登記を申請する場合（法22条）には、登記識別情報を提供することができないから、登記官による事前通知（法23条1項・2項）の方法によるか、又は資格者代理人による本人確認情報（同条4項）を提供する方法によって、登記を申請するほかない。

　ただし、土地改良法55条等の規定による登記を申請又は嘱託する場合に、表題部所有者の相続人その他の一般承継人に代わってする所有権の保存の登記又は相続人その他の一般承継人に代わってする相続その他の一般承継による所有権の移転の登記については、その申請人又は嘱託者に対して登記識別情報が通知され、通知を受けた申請人又は嘱託者は、遅滞なく、これを登記権利者に通知しなければならないとされており（土地改良登記令3条）、同様の取扱いは、前掲第1の3(2)②（7頁）の「その他の法令」においても、それぞれの当該法律による不動産登記に関する政令又は登記令に規定されている（国土調査法による不動産登記に関する政令3条、土地区画整理登記令3条等）。

　なお、登記完了証は、申請人である代位者に対して交付される（規則181条1項）。

　一方、被代位者に対しては、代位申請による登記が完了した場合に、登記官が、完了した旨を通知するものとされている（規則183条1項2号）。

第2節　代位登記の申請手続（書式）

第1　不動産の表示に関する代位登記

書式1　建物の新築の場合

　建物が新築された場合において、当該建物の表題登記がいまだされていない場合であっても、抵当権を設定することは可能であるが、当該抵当権の設定の登記をするためには、その前提として、建物の表題登記と所有権の保存の登記をする必要がある。そこで、所有者（抵当権設定者）が当該建物の表題登記と所有権の保存の登記をしないときは、抵当権者が、代位によって、これらの登記を申請することができる。

　この場合、代位による建物の表題登記と所有権の保存の登記の申請情報として、申請人である代位債権者（代位者である抵当権者）の氏名又は名称及び住所、当該申請人が代位者である旨、代位される債務者（被代位者である建物の所有者）の氏名又は名称及び住所並びに代位原因を記載し（令3条1号・4号）、添付情報として、代位原因を証する情報の提供を要する（令7条1項3号）。そのほかの申請情報の内容及び提供を要する添付情報については、通常の建物の表題登記及び所有権の保存の登記を申請する場合と同様である。

　この書式は、債権者（抵当権者）甲が、新築建物の所有者（抵当権設定者）乙に代位して、当該建物の表題登記を申請する場合の記載例である。

【登記申請書】

```
┌─────────────────────────────────┐
│     ＊受付番号票をはり付ける部分      │
└─────────────────────────────────┘
```

登　記　申　請　書

登記の目的　　建物表題（**注1**）

添 付 書 類

　　建物図面（**注2**）　　各階平面図（**注3**）　　所有権証明書（**注4**）

　　住所証明書（**注5**）　　代位原因証書（**注6**）

　　会社法人等番号又は資格証明書（**注7**）　　代理権限証書（**注8**）

その他の事項

　　登記所での登記完了証の交付及び原本の還付を希望する（**注9**）

┌──┐
│又は
│
│　　登記完了証の交付及び原本の還付は送付の方法により交付を希望す
│る（**注9**）
│
│　　送付先：申請人又は代理人の住所又は事務所宛て（**注10**）
└──┘

令和何年何月何日申請（**注11**）　　何法務局何支局（出張所）（**注12**）

所 有 者　　何市何町一丁目 34 番地

（被代位者）　　（住民票コード 12345678901）

　　　　　　　　　乙　　　某（**注13**）

代 位 者　　何市何町二丁目 12 番地

　　　　　　　　　甲　　　某（**注14**）

代 位 原 因　　令和何年何月何日設定の抵当権設定登記請求権（**注15**）

代 理 人　　何市何町何丁目何番地

　　　　　　　　　何　　　某㊞（**注16**）

　　　　　　　連絡先の電話番号○○－○○○○－○○○○（**注17**）

建物の表	所　在	何市何町何丁目何番地	
	家屋番号		
	主である建物又は附属建物	①種類　②構造	③床面積　㎡　　登記原因及びその日付

示（注18）		居　宅	木造かわらぶき2階建	1階2階	66　0040　58	令和何年何月何日新築

（注1）　登記の目的（令3条5号）は、「建物表題」と記載する。

（注2）　建物の表題登記を申請するときは、建物図面を提供しなければならない（令別表12項添付情報欄イ）。建物図面は、1個の建物の位置を明らかにする図面であって（令2条5号）、日本産業規格B列4番の丈夫な用紙を用い（規則74条3項）、原則として、500分の1の縮尺により1個の建物（附属建物を含む。）ごとに作成し、方位、縮尺、敷地の地番及びその形状、隣接地の地番並びに附属建物があるときは主である建物又は附属建物の別、附属建物の符号を記録して、建物の敷地並びにその1階の位置及び形状を明確にするものでなければならない（規則81条、82条、準則52条）。

（注3）　建物の表題登記を申請するときは、各階平面図を提供しなければならない（令別表12項添付情報欄ロ）。各階平面図は、1個の建物の各階ごとの平面の形状を明らかにする図面であって（令2条6号）、日本産業規格B列4番の丈夫な用紙を用い（規則74条3項）、原則として、250分の1の縮尺により1個の建物（附属建物を含む。）ごとに作成し、各階の形状を図示し、縮尺、各階の別、各階の平面の形状、1階の位置、各階ごとの建物の周囲の長さ、床面積及び求積方法並びに附属建物があるときは主である建物又は附属建物の別及び附属建物の符号を記録したものでなければならない（規則81条、83条、準則53条）。

（注4）　被代位者である所有者が、建物の所有権を有することを証する情報（所有権証明書。令別表12項添付情報欄ハ）として、建築基準法6条の規定による確認及び同法7条の検査のあったことを証する情報、建築請負人又は敷地所有者の証明情報、固定資産税の納付証明に係る情報その他被代位者の所有権の取得を証するに足る情報を提供する（準則87条1項）。

　　なお、官庁又は公署が作成した証明書以外の証明書については、その情報が真正に作成されたことを証するため、署名押印者の印鑑証明書を添付し、法人の代表者その他一定の資格を有する者の場合は、その資格を証する情報又は会社法人等番号（特定の会社、外国会社その他の商人を識別するための番号。商業登記法7条）を提供する。

（注5）　被代位者である所有者の住所を証する情報として、個人の場合は住所地の市区町村長が作成した住民票の写しを、会社等の法人の場合は登記官が作成した登記事項証明書等を提供する（令別表12項添付情報欄ニ）。

　　なお、個人が申請情報として住民票コード（住基法7条13号）を提供したとき、若しくは会社法人等番号を有する法人が当該会社法人等番号を提供したときは、住所を証する情報の提供を要しない（令9条、規則36条4項）。

（注6）　代位原因を証する情報として、抵当権設定契約証書等の登記官が当事者間に債権の存在することを確認することができる情報を提供する（令7条1項3号）。

（注7）　代位者が会社等の法人の場合で、会社法人等番号を有する法人にあっては当該法人の会社法人等番号を（令7条1項1号イ）、それ以外の法人にあっては当該法人の代表者の資格を証する情報を提供する（同号ロ）。ただし、代位者が会社法人等番号を有する法人であって、当該法人の代表者によって登記の申請をする場合に当該法人の代表者の資格を証する登記事項証明書（代表者事項証明書。商業登記規則30条1項4号）を提供したとき（規則36条1項1号）、若しくは支配人等（支配人その他法令の規定により法人を代理することができる者であって、その旨の登記がされているもの。以下同じ。）によって登記の申請をする場合に当該支配人等の権限を証する登記事項証明書（現在事項一部証明書。商業登記規則30条2項）を提供したとき（規則36条1項2号）は、当該法人の会社法人等番号の提供は、要しない（同条1項柱書）。

　　なお、当該登記事項証明書は、いずれも作成後3か月以内のものでなければならない（規則36条2項）。また、会社法人等番号を有しない法人が提供する当該法人の代表者の資格を証する情報が書面であっ

て、登記官その他の公務員が職務上作成したものであるときは、作成後3か月以内のものでなければならない（令17条1項）。

　代位者の会社法人等番号を提供するときには、代位者の名称に続けて表示することで差し支えない（平成27・10・23民二第512号民事局長通達2⑴ア㈠）。

（注8）　代位者が代理人によって登記を申請するときは、その代理権限を証する情報（委任状）を提供する（令7条1項2号）。この情報が書面であって、登記官その他の公務員が職務上作成したものであるときは、作成後3か月以内のものでなければならない（令17条1項）。ただし、代位者が会社法人等番号を有する法人であって、支配人等が当該法人を代理して登記を申請する場合は、当該代理人の代理権限を証する情報の提供を要しない（規則36条3項）。

　なお、法人（土地家屋調査士法人）である代理人によって登記の申請をする場合において、当該代理人の会社法人等番号を提供したときは、当該会社法人等番号の提供をもって、当該代理人の資格を証する情報の提供に代えることができる（規則37条の2）。

（注9）　登記所において登記完了証の交付及び添付書面の原本の還付を希望する場合、又は送付の方法によることを希望する場合は、その旨を申請内容としなければならない（規則182条2項、55条6項）。

（注10）　登記完了証の交付及び添付書面の原本の還付を送付の方法によることを希望する場合は、送付先として、申請人又は代理人の住所又は事務所を記載する（規則182条2項、55条6項）。

　登記完了証及び添付書面の原本の還付の送付は、「書留郵便等」の方法によることとされ（規則182条3項、55条7項）、その送付に要する費用を郵便切手等で提出しなければならない（規則182条3項、55条8項）。

（注11）　登記を申請する日、すなわち、申請書を登記所に提出する日を記載する（規則34条1項7号）。

（注12）　建物を管轄する登記所の表示として、法務局若しくは地方法務局若しくはこれらの支局又はこれらの出張所を記載する（規則34条1項8号）。

（注13）　被代位者として、新築建物の所有者の氏名又は名称及び住所を記

載する（令 3 条 4 号）。この記載は、（**注 4**）の所有権証明書及び（**注 5**）の住所証明書の表示と合致していなければならない（法 25 条 9 号）。

（注 14）　代位者（申請人）として、債権者である抵当権者の氏名又は名称及び住所を記載し、代位者が会社等の法人の場合には、その代表者の氏名をも記載する（令 3 条 1 号・2 号・4 号）。この記載は、（**注 6**）の代位原因証書の表示と合致していなければならない（法 25 条 4 号・9 号）。なお、代位者が代理人を選任しないで自ら申請するときは、代位者の氏名（法人の場合は代表者の氏名）の次に押印する（令 16 条 1 項）。

（注 15）　代位原因として、代位登記が認められるための要件となる法律関係又は事実関係を表示する。抵当権設定登記請求権を保全するために代位して申請する場合は、抵当権設定契約日をもって「何年何月何日設定の抵当権設定登記請求権」と記載する（法 59 条 7 号、令 3 条 4 号）。

（注 16）　代位者が代理人によって登記を申請するときは、その代理人の氏名又は名称及び住所並びに代理人が法人の場合は代表者の氏名を記載し（令 3 条 3 号）、記名押印する（令 16 条 1 項）。ただし、代理人が申請書に署名したときは、記名押印を要しない（規則 47 条 1 号）。この記載は、（**注 8**）の代理権限を証する情報（委任状）の受任者の記載と合致していなければならない（法 25 条 4 号）。

（注 17）　申請情報の内容に補正すべき点がある場合に、登記所の担当者から申請人又は代理人に連絡するための連絡先の電話番号その他の連絡先を記載する（規則 34 条 1 項 1 号）。

（注 18）　建物の表示として、その所在する市、区、郡、町、村、字及び土地の地番、種類、構造及び床面積を記載する（令 3 条 8 号イ・ハ）。また、建物の名称があるときは、その名称をも記載する（同号ニ）。家屋番号は、登記所において付番することになるため（法 45 条）、記載することを要しないが（令 3 条 8 号ロ括弧書）、原則として、土地の地番と同じであることから、あらかじめ記載しても差し支えない。また、登記原因及びその日付（令 3 条 6 号）として、建物が完成した日及び新築の旨を記載する。なお、表題登記の対象となる建物については、不動産を識別するための番号（不動産番号。法 27 条 4 号、規則 90 条）はいまだ定められていないので、記載することを要しない。

書式2　不動産登記法 48 条 2 項による場合

　区分建物が属する 1 棟の建物が新築された場合における当該区分建物についての表題登記の申請は、当該新築された 1 棟の建物に属する他の区分建物についての表題登記の申請と併せてしなければならないとされている（法 48 条 1 項）。そのため、当該区分建物の所有者甲が表題登記を申請しようとする場合に、他の区分建物の所有者乙が表題登記を申請しないときは、当該区分建物の所有者甲は、他の区分建物の所有者乙に代位して、当該他の区分建物についての表題登記を申請することができるとされている（同条 2 項）。

　この書式は、敷地権がない区分建物が属する 1 棟の建物が新築された場合に、当該区分建物の所有者甲が、他の区分建物の所有者乙に代位して、当該他の区分建物のみの表題登記を申請する場合の記載例である。

　なお、代位による申請が含まれている場合であっても、1 棟の建物に属する全部の区分建物についての表題登記を一の申請情報で申請することができる。

【登記申請書】

```
┌─────────────────────────────────┐
│        ＊受付番号票をはり付ける部分        │
└─────────────────────────────────┘
```

登　記　申　請　書

登記の目的　　区分建物表題（**注1**）

添 付 書 類

　　建物図面（**注2**）　　各階平面図（**注3**）　　所有権証明書（**注4**）

　　規約証明書（**注5**）　　住所証明書（**注6**）

　　代位原因証書（所有権証明書援用）（**注7**）

　　会社法人等番号又は資格証明書（**注8**）　　代理権限証書（**注9**）

その他の事項

　登記所での登記完了証の交付及び原本の還付を希望する（**注10**）

```
┌─────────────────────────────────────────────────┐
│ 又は                                                 │
│   登記完了証の交付及び原本の還付は送付の方法により交付を希望す       │
│ る（注10）                                             │
│   送付先　申請人又は代理人の住所又は事務所宛て（注11）           │
└─────────────────────────────────────────────────┘
```

令和何年何月何日申請（**注12**）　　何法務局何支局（出張所）（**注13**）

所 有 者　　何市何町一丁目10番1号201

（被代位者）　　（住民票コード12345678901）

乙　　　某（注14）

代 位 者　　何市何町一丁目10番1号101

甲　　　某（注15）

代 位 原 因　　不動産登記法第48条第2項による代位（**注16**）

代 理 人　　何市何町何丁目何番地

何　　　某㊞（注17）

連絡先の電話番号○○－○○○－○○○○（注18）

一棟の建物の	所　　　　在	何市何町一丁目10番地1		
	建物の名称	○○マンション		
	① 構　　造	② 床 面 積	m²	登記原因及びその日付

表示（注19）	鉄筋コンクリート造陸屋根3階建			1階　300：00 2階　300：00 3階　300：00	
区分した建物の表示（注20）	家屋番号	何町一丁目10番1の201			
	建物の名称	201号			
	主である建物又は附属建物	①種類	②構造	③床面積　m²	登記原因及びその日付
		居宅	鉄筋コンクリート造1階建	2階部分　42：53	令和何年何月何日新築

（**注1**）　登記の目的（令3条5号）は、「区分建物表題」と記載する。

（**注2**）　区分建物の表題登記を申請するときは、建物図面を提供しなければならない（令別表12項添付情報欄イ）。建物図面の作成方法については、【書式1】の（**注2**）参照。

（**注3**）　区分建物の表題登記を申請するときは、各階平面図を提供しなければならない（令別表12項添付情報欄ロ）。各階平面図の作成方法については、【書式1】の（**注3**）参照。

（**注4**）　被代位者である所有者が、申請に係る他の区分建物の所有権を有することを証する情報（所有権証明書。令別表12項添付情報欄ハ）として、建築基準法6条の確認及び同法7条の検査のあったことを証する情報、建築請負人又は敷地所有者の証明情報、固定資産税の納付証明に係る情報その他申請人の所有権の取得を証するに足る情報を提供する（準則87条1項）。

　　なお、官庁又は公署が発行した証明書以外の証明書については、その情報が真正に作成されたことを証するため、署名押印者の印鑑証明書を添付し、法人の代表者その他一定の資格を有する者の場合は、その資格を証する情報又は会社法人等番号を提供する。

（**注5**）　新築した区分建物の専有部分の全部を最初に所有する者は、公正証書により、規約共用部分を定める規約（区分所有法4条2項）、建物が所在する土地以外の土地を建物の敷地と定める規約（同法5条1項）を設定することができる（同法32条）。これらの規約を設定した場合

は、その規約を証する情報を提供する。なお、敷地権がある場合には、分離処分可能規約（同法22条1項ただし書）及び敷地権についての規約割合（同条2項ただし書）を設定することもできる。

（注6）　【書式1】の（注5）参照。

（注7）　代位原因を証する情報として、代表者が同一の1棟の建物に属する区分建物の所有権を証する情報（所有権証明書。情報の具体例については、（注4）参照）を提供するが（令7条1項3号）、当該情報としては、同時に申請する自己の区分建物の表題登記の申請情報に提供した所有権証明書を援用して差し支えないとされているので（昭和58・11・10民三第6400号民事局長通達第七・一・2、第二・二・2）、その場合は、「代位原因証書（所有権証明書援用）」と記載すれば足りる。

（注8）から（注13）　【書式1】の（注7）から（注12）参照。

（注14）　被代位者として、申請に係る他の区分建物の所有者の氏名又は名称及び住所を記載する（令3条4号）。この記載は、（注4）の所有権証明書及び（注6）の住所証明書の表示と合致していなければならない（法25条9号）。

（注15）　代位者（申請人）として、区分建物の所有者の氏名又は名称及び住所を記載し、代位者が会社等の法人の場合には、その代表者の氏名をも記載する（令3条1号・2号・4号）。この記載は、（注7）の代位原因証書の表示と合致していなければならない（法25条4号・9号）。なお、代位者が代理人を選任しないで自ら申請するときは、代位者の氏名（法人の場合は代表者の氏名）の次に押印する（令16条1項）。

（注16）　不動産登記法その他の法令の規定において、代位登記によることが直接に認められている場合は、法定代位に該当することから、代位原因の表示は、その根拠となる法令の規定による旨を表示するのが、登記実務の取扱いである。したがって、代位により区分建物の表題登記を申請する場合の代位原因は、その根拠条文を掲げて「不動産登記法第48条第2項による代位」と記載する（法59条7号、令3条4号）。

（注17）・（注18）　【書式1】の（注16）・（注17）参照。

（注19）　敷地権がない区分建物が属する1棟の建物の表示として、その所

在する市、区、郡、町、村、字及び土地の地番（令 3 条 8 号イ括弧書）並びに構造及び床面積（同号ヘ）を記載し、1 棟の建物の名称があるときは、その名称（同号ト）をも記載する。なお、1 棟の建物については、登記原因及びその日付の記載は要しない（準則 93 条 2 項）。

　また、敷地権があるときは、敷地権の目的となる土地の表示として、当該土地の符号（規則 118 条 1 号イ）、その所在する市、区、郡、町、村及び字並びに当該土地の地番、地目及び地積（令別表 12 項申請情報欄イ(1)、規則 4 条 3 項・別表三）を記載する。

(注20)　区分した建物の表示として、建物の名称があるときは、その名称（令 3 条 8 号ニ）、種類、構造及び床面積（同号ハ）を記載し、登記原因及びその日付（令 3 条 6 号）として、1 棟の建物が完成した日及び新築の旨を記載する。家屋番号は、登記所において付番することになるため（法 45 条）、記載することを要しないが（令 3 条 8 号ロ括弧書）、1 棟の建物が所在する土地の地番区域及び区分した建物の住戸番号等で特定して、あらかじめ記載しても差し支えない。また、表題登記の対象となる区分建物については、不動産を識別するための番号（不動産番号。法 27 条 4 号、規則 90 条）はいまだ定められていないので、記載することを要しない。

　また、敷地権があるときは、敷地権の目的となる土地の符号（規則 118 条 1 号イ）、敷地権の種類及び割合（令別表 12 項申請情報欄イ(2)）並びに敷地権の登記原因及びその日付（同欄イ(3)）を記載する。

書式3　不動産登記法 48 条 4 項による場合

　既存の表題登記がある建物（区分建物を除く。）に接続して区分建物が新築された場合における当該区分建物についての表題登記の申請は、当該表題登記がある建物についての表題部の変更の登記の申請と併せてしなければならないとされている（法48条3項）。そのため、新築された当該区分建物の所有者甲が表題登記を申請しようとする場合に、当該表題登記がある建物の表題部所有者（又は所有権の登記名義人）乙が表題部の変更の登記を申請しないときは、甲は、乙又は乙の相続人その他の一般承継人に代位して、当該表題登記がある建物についての表題部の変更の登記を申請することができるとされている（同条4項）。

　この書式は、新築された区分建物の所有者甲が、既存の表題登記がある建物の所有者乙に代位して、当該既存の表題登記がある建物についての表題部の変更（区分建物への表示変更）の登記を申請する場合の記載例である。

【登記申請書】

```
┌─────────────────────────────────────────────┐
│                                              │
│       ＊受付番号票をはり付ける部分                │
│                                              │
└─────────────────────────────────────────────┘
```

登　記　申　請　書

登記の目的　　建物表題変更（区分建物への表示変更）（**注1**）
添 付 書 類
　　建物図面（**注2**）　　各階平面図（**注3**）
　　代位原因証書（所有権証明書援用）（**注4**）
　　会社法人等番号又は資格証明書（**注5**）　　代理権限証書（**注6**）
その他の事項
　登記所での登記完了証の交付及び原本の還付を希望する（**注7**）

┌───┐
│又は   │
│　　登記完了証の交付及び原本の還付は送付の方法により交付を希望す│
│る（**注7**）   │
│　　送付先：申請人又は代理人の住所又は事務所宛て（**注8**）   │
└───┘

令和何年何月何日申請（**注9**）　　何法務局何支局（出張所）（**注10**）
所 有 者　　何市何町一丁目10番1号102
（被代位者）　　　　乙　　　　某（**注11**）
代 位 者　　何市何町一丁目10番1号101
　　　　　　　　　　甲　　　　某（**注12**）
代位原因　　不動産登記法第48条第4項による代位（**注13**）
代 理 人　　何市何町何丁目何番地
　　　　　　　　　　何　　　　某㊞（**注14**）
　　　　　　連絡先の電話番号〇〇－〇〇〇〇－〇〇〇〇（**注15**）

一棟の建物	所　　　　　在	何市何町一丁目10番地1	
	建 物 の 名 称		
	① 構　　造	② 床 面 積　　　　m²	登記原因及びその日付

| の表示 (注16) | 木造かわらぶき平家建 | | | 70 | 00 | | |

敷地権の目的である土地の表示 (注17)	①土地の符号	②所在及び地番	③地目	④地積　m²		登記原因及びその日付
	1	何市何町一丁目10番1	宅　地	105	00	

区分した建物の表示 (注18)	家屋番号	何町一丁目10番1の2				
	建物の名称					
	主である建物又は附属建物	①種類	②構造	③床面積　m²		登記原因及びその日付
		店　舗	木造かわらぶき平家建	34	00	令和何年何月何日区分建物増築

敷地権の表示 (注19)	①土地の符号	②敷地権の種類	③敷地権の割合	登記原因及びその日付
	1	所有権	70分の34	令和何年何月何日敷地権

変更前　何市何町一丁目10番地1　家屋番号10番1　店舗　木造かわらぶき平家建
　　　　床面積36.00平方メートル　(注20)

(注1)　登記の目的（令3条5号）は、「建物表題変更（区分建物への表示変更）」と記載する。

(注2)　被代位者の所有に係る非区分建物が区分建物となったことによる当該区分建物の建物図面を提供する（令別表12項添付情報欄イ）。建物図面の作成方法については、【書式1】の（注2）参照。

(注3)　被代位者の所有に係る非区分建物が区分建物となったことによる当該区分建物の各階平面図を提供する（令別表12項添付情報欄ロ）。各階平面図の作成方法については、【書式1】の（注3）参照。

(注4)　代位原因を証する情報として、代位者が既存の建物に接続して新築された区分建物の所有権を有する旨の情報（所有権証明書。情報の具体例については、【書式2】の（注4）参照）を提供するが（令7条1項3号）、当該情報としては、同時に申請する新築された区分建物の

表題登記の申請情報に提供した所有権証明書を援用して差し支えない
とされているので（昭和 58・11・10 民三第 6400 号民事局長通達第
七・一・2、第二・二・2）、その場合は、「代位原因証書（所有権証明
書援用）」と記載すれば足りる。

（注 5 ）から（注 10）　【書式 1】の（注 7 ）から（注 12）参照。

（注 11）　被代位者として、既存の建物の所有者の氏名又は名称及び住所を
記載する（令 3 条 4 号）。この記載は、既存建物の登記記録の表題部所
有者又は所有権の登記名義人の記録と合致していなければならない
（法 25 条 7 号）。

（注 12）　代位者（申請人）として、新築された区分建物の所有者の氏名又
は名称及び住所を記載し、代位者が会社等の法人の場合には、その代表
者の氏名をも記載する（令 3 条 1 号・2 号・4 号）。この記載は、**（注 4 ）**
の代位原因証書の表示と合致していなければならない（法 25 条 4 号・9
号）。なお、代位者が代理人を選任しないで自ら申請するときは、代位
者の氏名（法人の場合は代表者の氏名）の次に押印する（令 16 条 1 項）。

（注 13）　不動産登記法その他の法令の規定において、代位登記によること
が直接に認められている場合は、法定代位に該当することから、代位
原因の表示は、その根拠となる法令の規定による旨を表示するのが、
登記実務の取扱いである。したがって、代位により建物表題変更（区
分建物への表示変更）を申請する場合の代位原因は、その根拠条文を
掲げて「不動産登記法第 48 条第 4 項による代位」と記載する（法 59
条 7 号、令 3 条 4 号）。

（注 14）　代位者が代理人によって登記を申請するときは、その代理人の氏
名又は名称及び住所並びに代理人が法人の場合は代表者の氏名を記載
し（令 3 条 3 号）、記名押印する（令 16 条 1 項）。ただし、代理人が申
請書に署名したときは、記名押印を要しない（規則 47 条 1 号）。この
記載は、**（注 6 ）**の代理権限を証する情報（委任状）の受任者の記載と
合致していなければならない（法 25 条 4 号）。

（注 15）　【書式 1】の（注 17）参照。

（注 16）　1 棟の建物の表示として、その所在する市、区、郡、町、村、字
及び土地の地番（令 3 条 8 号イ括弧書）並びに構造及び床面積（同号

へ）を記載し、1棟の建物の名称があるときは、その名称（同号ト）をも記載する。なお、1棟の建物については、登記原因及びその日付の記載は要しない（準則93条2項）。

(注17)　区分建物となった既存の建物及び新築された区分建物の所有者が当該敷地に各区分建物のための既登記の敷地利用権（所有権、地上権又は賃借権）を有する場合は、区分建物となったときに敷地権が生じることになる。この場合には、当該敷地権の目的である土地の符号（規則118条1号イ）、その所在する市、区、郡、町、村及び字並びに当該土地の地番、地目及び地積（令別表12項申請情報欄イ(1)、規則4条3項・別表三）を記載する。

(注18)　区分した建物の表示として、その家屋番号（令3条8号ロ）を掲げ、建物の名称があるときはその名称（同号ニ）、種類、構造及び床面積を記載する（同号ハ）。

本書式は、既存の建物が増築したことによって区分建物となった場合であるから、登記原因及びその日付（令3条6号）は、増築の日をもって「何年何月何日区分建物増築」と記載する。

なお、変更後の床面積が**(注20)**の変更前の床面積と合致しないのは、区分建物の床面積の算定方法が異なることによるものである（規則115条参照）。

(注19)　敷地権の目的である土地の符号（規則118条1号イ）、敷地権の種類及び割合を記載する（令別表12項申請情報欄イ(2)）。本書式は、既存の建物が増築したことによって敷地権が生じた場合であるから、登記原因及びその日付（令3条6号）は、増築の日をもって「何年何月何日敷地権」と記載する。なお、敷地権の割合が区分所有法22条2項ただし書の規約により定められているときは、その規約を設定したことを証する情報を提供する（令別表12項添付情報欄ヘ(2)）。

(注20)　変更前の建物の表示として、被代位者の所有に係る既存の建物の所在、地番、家屋番号、種類、構造及び床面積等を記載する（令3条8号）。なお、不動産を識別するための番号（不動産番号。法27条4号、規則90条）を記載したときは、これらの記載を省略することができる（令6条1項2号）。

書式 4　不動産登記法 52 条 2 項による場合

　既存の表題登記がある建物（区分建物を除く。）に接続して区分建物が新築されて 1 棟の建物になったことにより当該表題登記がある建物が区分建物になった場合における当該表題登記がある建物についての表題部の変更の登記の申請は、当該新築に係る区分建物についての表題登記の申請と併せてしなければならないとされている（法 52 条 1 項）。そのため、当該表題登記がある建物の表題部所有者（又は所有権の登記名義人）甲が、表題部の変更の登記を申請しようとする場合に、新築された当該区分建物の所有者乙が表題登記を申請しないときは、甲は、乙に代位して、当該区分建物の表題登記を申請することができるとされている（同条 2 項）。

　この書式は、既存の表題登記がある建物の所有者甲が、新築された区分建物の所有者乙に代位して、当該区分建物の表題登記を申請する場合の記載例である。

　なお、本書式における代位者甲の代位原因を証する情報としては、代位者甲が既存の建物の所有権を有する旨の情報（所有権証明書）を提供することになるが、当該代位者が所有権を有することは、既存の建物の登記記録で確認することができるため、別途、提供する必要はないと解される。

【登記申請書】

＊受付番号票をはり付ける部分

登 記 申 請 書

登記の目的　　区分建物表題（**注1**）

添 付 書 類

　　建物図面（**注2**）　　各階平面図（**注3**）　　所有権証明書（**注4**）

　　住所証明書（**注5**）　　会社法人等番号又は資格証明書（**注6**）

　　代理権限証書（**注7**）

その他の事項

　　登記所での登記完了証の交付及び原本の還付を希望する（**注8**）

　　又は

　　　登記完了証の交付及び原本の還付は送付の方法により交付を希望する（**注8**）

　　　送付先：申請人又は代理人の住所又は事務所宛て（**注9**）

令和何年何月何日申請（**注10**）　　何法務局何支局（出張所）（**注11**）

所 有 者　　何市何町一丁目 10 番 1 号 102

（被代位者）　　（住民票コード 12345678901）

　　　　　　　　　乙　　　　　某（**注12**）

代 位 者　　何市何町一丁目 10 番 1 号 101

　　　　　　　　　甲　　　　　某（**注13**）

代 位 原 因　　不動産登記法第 52 条第 2 項による代位（**注14**）

代 理 人　　何市何町何丁目何番地

　　　　　　　　　何　　　　　某㊞（**注15**）

　　　　　　　　　連絡先の電話番号○○－○○○○－○○○○（**注16**）

一棟の建物	所　　　在	何市何町一丁目 10 番地 1	
	建物の名称		
	① 構　　造	② 床 面 積　　　　　m²	登記原因及びその日付

| の表示（注17） | 木造かわらぶき平家建 | | | | 70:00 | |

敷地権の目的である土地の表示注18	①土地の符号	②所在及び地番	③地目	④地積　m²	登記原因及びその日付
	1	何市何町一丁目10番1	宅　地	105:00	

区分した建物の表示（注19）	家屋番号	何町一丁目10番1の2				
	建物の名称					
	主である建物又は附属建物	①種類	②構造	③床面積　m²		登記原因及びその日付
		店　舗	木造かわらぶき平家建	34:00		令和何年何月何日新築

敷地権の表示注20	①土地の符号	②敷地権の種類	③敷地権の割合	登記原因及びその日付
	1	所有権	70分の34	令和何年何月何日敷地権

既存の建物　何市何町一丁目10番地1　家屋番号10番1　店舗　木造かわらぶき平家建床面積36.00平方メートル（注21）

（**注1**）　【書式2】の（**注1**）参照。

（**注2**）　被代位者の所有に係る新築した区分建物の建物図面を提供する（令別表12項添付情報欄イ）。建物図面の作成方法については、【書式1】の（**注2**）参照。

（**注3**）　被代位者の所有に係る新築した区分建物の各階平面図を提供する（令別表12項添付情報欄ロ）。各階平面図の作成方法については、【書式1】の（**注3**）参照。

（**注4**）　被代位者が新築した区分建物の所有権を有することを証する情報（所有権証明書。令別表12項添付情報欄ハ）として、建築基準法6条の確認及び同法7条の検査のあったことを証する情報、建築請負人又は敷地所有者の証明書、固定資産税の納付証明に係る情報、その他被代位者の所有権の取得を証するに足る情報を提供する（準則87条1

　項）。

　　なお、官庁又は公署が作成した証明書以外の証明書については、その情報が真正に作成されたことを証するため、署名押印者の印鑑証明書を添付し、法人の代表者その他一定の資格を有する者の場合は、その資格を証する情報又は会社法人等番号を提供する。

（**注 5**）　【書式 1】の（**注 5**）参照。

（**注 6**）から（**注 11**）　【書式 1】の（**注 7**）から（**注 12**）参照。

（**注 12**）　被代位者として、新築された区分建物の所有者の氏名又は名称及び住所を記載する（令 3 条 4 号）。この記載は、（**注 4**）の所有権証明書及び（**注 5**）の住所証明書の表示と合致していなければならない（法 25 条 9 号）。

（**注 13**）　代位者（申請人）として、既存の建物の所有者の氏名又は名称及び住所を記載し、代位者が会社等の法人の場合には、その代表者の氏名をも記載する（令 3 条 1 号・2 号・4 号）。この記載は、既存建物の登記記録の表題部所有者又は所有権の登記名義人の記録と合致していなければならない（法 25 条 4 号・9 号）。なお、代位者が代理人を選任しないで自ら申請するときは、代位者の氏名（法人の場合は代表者の氏名）の次に押印する（令 16 条 1 項）。

（**注 14**）　不動産登記法その他の法令の規定において、代位登記によることが直接に認められている場合は、法定代位に該当することから、代位原因の表示は、その根拠となる法令の規定による旨を表示するのが、登記実務の取扱いである。したがって、代位により区分建物の表題登記を申請する場合の代位原因は、その根拠条文を掲げて「不動産登記法第 52 条第 2 項による代位」と記載する（法 59 条 7 号、令 3 条 4 号）。

（**注 15**）　代位者が代理人によって登記を申請するときは、その代理人の氏名又は名称及び住所並びに代理人が法人の場合は代表者の氏名を記載し（令 3 条 3 号）、記名押印する（令 16 条 1 項）。ただし、代理人が申請書に署名したときは、記名押印を要しない（規則 47 条 1 号）。この記載は、（**注 7**）の代理権限を証する情報（委任状）の受任者の記載と合致していなければならない（法 25 条 4 号）。

（**注 16**）　【書式 1】の（**注 17**）参照。

（注17）　【書式3】の（注16）参照。

（注18）　既存の建物がその所有者甲の所有地にあり、その土地の持分を乙が買い受けた上で、甲の了解を得て、乙が区分建物を新築した場合であれば、敷地利用権は、甲及び乙の共有の所有権となるので、甲・乙間で分離処分を可能とする規約を設定しない限り、その敷地利用権は、当然に敷地権となる。この場合には、当該敷地権の目的である土地の符号（規則118条1号イ）、その所在する市、区、郡、町、村及び字並びに当該土地の地番、地目及び地積（令別表12項申請情報欄イ(1)、規則4条3項・別表三）を記載する。

（注19）　区分した建物の表示として、建物の名称があるときは、その名称（令3条8号ニ）、種類、構造及び床面積を記載する（令3条8号ハ）。

　　本書式は、既存の建物に接続して区分建物が新築されたことによって区分建物となった場合であるから、登記原因及びその日付（令3条6号）は、区分建物の新築の日をもって「何年何月何日新築」と記載する。家屋番号は、登記所において付番することになるため（法45条）、記載することを要しないが（令3条8号ロ括弧書）、1棟の建物が所在する土地の地番区域及び区分した建物の住戸番号等で特定して、あらかじめ記載しても差し支えない。また、表題登記の対象となる区分建物については、不動産を識別するための番号（不動産番号。法27条4号、規則90条）はいまだ定められていないので、記載することを要しない。

（注20）　敷地権の目的である土地の符号（規則118条1号イ）、敷地権の種類及び割合を記載する（令別表12項申請情報欄イ(2)）。本書式は、区分建物が新築されたことによって敷地権が生じた場合であるから、登記原因及びその日付（令3条6号）は、区分建物の新築の日をもって「何年何月何日敷地権」と記載する。なお、敷地権の割合が区分所有法22条2項ただし書の規約により定められているときは、その規約を設定したことを証する情報を提供する（令別表12項添付情報欄ヘ(2)）。

（注21）　既存の建物の表示として、代位者の所有に係る既存の建物の所在、地番、家屋番号、種類、構造及び床面積等を記載する（令3条8号）。

なお、不動産を識別するための番号（不動産番号。法 27 条 4 号、規則 90 条）を記載したときは、これらの記載を省略することができる（令 6 条 1 項 2 号）。

書式5　不動産登記法52条4項による場合

　いずれも表題登記がある二以上の建物（区分建物を除く。）が増築その他の工事により相互に接続して区分建物となった場合における当該表題登記がある二以上の建物についての表題部の変更の登記の申請は、一括してしなければならないとされている（法52条3項）。そのため、既存の表題登記がある甲所有の建物及び乙所有の建物について、甲（又は乙）が、所有する当該表題登記がある建物の表題部の変更の登記を申請しようとする場合に、乙（又は甲）が所有する当該表題登記がある建物の表題部の変更の登記を申請しないときは、甲（又は乙）は、乙（又は甲）又は乙（又は甲）の相続人その他の一般承継人に代位して、当該表題登記がある建物についての表題部の変更の登記を申請することができるとされている（同条4項）。

　また、上記の甲所有の建物及び乙所有の建物の中間に、丙が、区分建物を新築したことにより、相互に接続して区分建物となった場合における当該表題登記がある甲所有及び乙所有の建物についての表題部の変更の登記の申請は、丙所有の区分建物についての表題登記の申請と併せてしなければならない（法52条1項）。そのため、甲（又は乙）が、所有する当該表題登記がある建物の表題部の変更の登記を申請しようとする場合に、丙が当該区分建物の表題登記を申請しないときは、甲（又は乙）は、丙に代位して、当該区分建物の表題登記を申請することができる（同条2項）。

　さらに、丙が、当該区分建物の表題登記を申請しようとする場合に、甲（又は乙）が所有する当該表題登記がある建物の表題部の変更の登記を申請しないときは、丙は、甲（又は乙）又は甲（又は乙）の相続人その他の一般承継人に代位して、当該表題登記がある甲所有又は乙所有建物の表題部の変更の登記を申請することができる（法48条4項）。

　この書式は、既存の表題登記がある甲所有の建物及び乙所有の建物の中間に、丙が、区分建物を新築したことにより、相互に接続して区分建物となった場合に、丙所有の区分建物の表題登記の申請と併せて、甲が、乙に代位して、乙所有建物についての表題部の変更（区分建物への表示変更）の登記を申請する場合の記載例である。

　なお、本書式における代位者甲の代位原因を証する情報としては、代位者甲が既存の建物の所有権を有する旨の情報（所有権証明書）を提供することになるが、当該代位者が所有権を有することは、既存の建物の登記記録で確認することができるため、別途、提供する必要はないと解される。

【登記申請書】

```
┌─────────────────────────────────────────────┐
│           ＊受付番号票をはり付ける部分            │
└─────────────────────────────────────────────┘
```

登　記　申　請　書

登記の目的　　建物表題変更（区分建物への表示変更）（**注1**）
添 付 書 類
　　建物図面（**注2**）　　各階平面図（**注3**）
　　　会社法人等番号又は資格証明書（**注4**）　　代理権限証書（**注5**）
その他の事項
　　登記所での登記完了証の交付及び原本の還付を希望する（**注6**）

```
┌─────────────────────────────────────────────┐
│  又は                                          │
│    登記完了証の交付及び原本の還付は送付の方法により交付を希望す   │
│ る（注6）                                       │
│    送付先：申請人又は代理人の住所又は事務所宛て（注7）         │
└─────────────────────────────────────────────┘
```

令和何年何月何日申請（**注8**）　　何法務局何支局（出張所）（**注9**）
所 有 者　　何市何町一丁目 10 番 1 号 102
（被代位者）　　　乙　　　某（**注10**）
代 位 者　　何市何町一丁目 10 番 1 号 101
　　　　　　　　　甲　　　某（**注11**）
代 位 原 因　　不動産登記法第 52 条第 4 項による代位（**注12**）
代 理 人　　何市何町何丁目何番地
　　　　　　　　　何　　　某㊞（**注13**）
　　　　　　連絡先の電話番号○○－○○○○－○○○○（**注14**）

一棟の建物	所　　　　在	何市何町一丁目 10 番地 1	
	建 物 の 名 称		
	① 構　　　造	② 床 面 積　　　m²	登記原因及びその日付

| の表示（**注15**） | 木造かわらぶき平家建 | | | 70 : 00 | | |

敷地権の目的である土地の表示（**注16**）	①土地の符号	②所在及び地番	③地目	④地積　m²	登記原因及びその日付
	1	何市何町一丁目10番1	宅　地	63 : 00	
	2	何市何町一丁目10番2	宅　地	57 : 00	

区分した建物の表示（**注17**）	家屋番号	何町一丁目10番1の2			
	建物の名称				
	主である建物又は附属建物	①種類	②構造	③床面積　m²	登記原因及びその日付
		店　舗	木造かわらぶき平家建	34 : 00	令和何年何月何日区分建物増築

敷地権の表示（**注18**）	①土地の符号	②敷地権の種類	③敷地権の割合	登記原因及びその日付
	1	所有権	70分の34	令和何年何月何日敷地権
	2	所有権	70分の34	令和何年何月何日敷地権

変更前　何市何町一丁目 10 番地 1　家屋番号 10 番 1　店舗　木造かわらぶき平家建 床面積 36.00 平方メートル（**注 19**）

（**注1**）から（**注3**）　【書式3】の（**注1**）から（**注3**）参照。

（**注4**）から（**注9**）　【書式1】の（**注7**）から（**注12**）参照。

（**注10**）　被代位者として、既存の一方の建物の所有者（乙）の氏名又は名称及び住所を記載する（令3条4号）。この記載は、既存建物の登記記録の表題部所有者又は所有権の登記名義人の記録と合致していなければならない（法25条7号）。

（**注11**）　代位者（申請人）として、既存の他方の建物の所有者（甲）の氏名又は名称及び住所を記載し、代位者が会社等の法人の場合には、その代表者の氏名をも記載する（令3条1号・2号・4号）。この記載は、既存建物の登記記録の表題部所有者又は所有権の登記名義人の記録と合致していなければならない（法25条4号・7号）。また、代位者が代理人を選任しないで自ら申請するときは、代位者の氏名（法人の場

合は代表者の氏名）の次に押印する（令16条1項）。

（**注12**）　不動産登記法その他の法令の規定において、代位登記によることが直接に認められている場合は、法定代位に該当することから、代位原因の表示は、その根拠となる法令の規定による旨を表示するのが、登記実務の取扱いである。したがって、代位により建物表題変更（区分建物への表示変更）を申請する場合の代位原因は、その根拠条文を掲げて「不動産登記法第52条第4項による代位」と記載する（法59条7号、令3条4号）。

（**注13**）　代位者が代理人によって登記を申請するときは、その代理人の氏名又は名称及び住所並びに代理人が法人の場合は代表者の氏名を記載し（令3条3号）、記名押印する（令16条1項）。ただし、代理人が申請書に署名したときは、記名押印を要しない（規則47条1号）。この記載は、（**注5**）の代理権限を証する情報（委任状）の受任者の記載と合致していなければならない（法25条4号）。

（**注14**）　【書式1】の（**注17**）参照。

（**注15**）から（**注19**）　【書式3】の（**注16**）から（**注20**）参照。

書式6　建物の増築の場合

　建物が増築されたが、その登記がされないまま売買された場合、買主は、表題部所有者又は所有権の登記名義人に代位して、当該建物の増築による表題部の変更の登記を申請することができる。

　この書式は、建物の所有権を取得した買主（債権者）甲が、所有者（債務者）乙に代位して、建物の増築による表題部の変更の登記を申請する場合の記載例である。

【登記申請書】

```
┌─────────────────────────────────────┐
│      ＊受付番号票をはり付ける部分      │
│                                       │
└─────────────────────────────────────┘
```

登　記　申　請　書

登記の目的　　建物表題変更（**注1**）

添 付 書 類

　　　建物図面（**注2**）　　各階平面図（**注2**）　　所有権証明書（**注3**）

　　　代位原因証書（**注4**）　　会社法人等番号又は資格証明書（**注5**）

　　　代理権限証書（**注6**）

その他の事項

　　登記所での登記完了証の交付及び原本の還付を希望する（**注7**）

┌─────────────────────────────────────┐
│又は   │
│　　登記完了証の交付及び原本の還付は送付の方法により交付を希望す│
│る（**注7**）   │
│　　送付先：申請人又は代理人の住所又は事務所宛て（**注8**）│
└─────────────────────────────────────┘

令和何年何月何日申請（**注9**）　　何法務局何支局（出張所）（**注10**）

所　有　者　　　何市何町一丁目34番地

（被代位者）　　　　　乙　　　　　某（**注11**）

代　位　者　　　何市何町二丁目12番地

　　　　　　　　　　　甲　　　　　某（**注12**）

代 位 原 因　　令和何年何月何日売買の所有権移転登記請求権（**注13**）

代　理　人　　　何市何町何丁目何番地

　　　　　　　　　　　何　　　　　某㊞（**注14**）

　　　　　　　　連絡先の電話番号○○－○○○○－○○○○（**注15**）

不動産番号					
建物の表	所　　在	何市何町何丁目何番地			
	家屋番号	何番何			
	主である建物又は附属建物	①種類	②　構　　造	③床面積　m²	登記原因及びその日付

示（注16）		居　宅	木造かわらぶき平家建		100	50	
			木造かわらぶき二階建	1階 2階	100 64	50 00	②③令和何年何月何日変更、増築

(**注1**)　登記の目的（令3条5号）は、「建物表題変更」と記載する。

(**注2**)　床面積の変更の登記申請には、変更後の建物図面及び各階平面図を提供する（令別表14項添付情報欄ロ(1)）。建物図面及び各階平面図の作成方法については、【書式1】の（注2）及び（注3）参照。

(**注3**)　床面積が増加した部分について、表題部所有者又は所有権の登記名義人が所有権を有することを証する情報（令別表14項添付情報欄ロ(2)）として、建築基準法6条の確認及び同法7条の検査のあったことを証する情報、建築請負人又は敷地所有者の証明書、固定資産税の納付証明に係る情報その他被代位者の所有権の取得を証するに足る情報を提供する（準則87条1項）。

　なお、官庁又は公署が作成した証明書以外の証明書については、その情報が真正に作成されたことを証するため、署名押印者の印鑑証明書を添付し、法人の代表者その他一定の資格を有する者の場合は、その資格を証する情報又は会社法人等番号を提供する。

(**注4**)　代位原因を証する情報として、売買契約証書等の登記官が当事者間に債権の存在することを確認することができる情報を提供する（令7条1項3号）。

(**注5**)から(**注10**)　【書式1】の（注7）から（注12）参照。

(**注11**)　被代位者として、増築した建物の所有者の氏名又は名称及び住所を記載する（令3条4号）。この記載は、（注3）の所有権証明書及び当該建物の登記記録の表題部所有者又は所有権の登記名義人の記録と合致していなければならない（法25条7号・9号）。

(注12)　代位者（申請人）として、増築した建物の所有権を取得した買主の氏名又は名称及び住所を記載し、代位者が会社等の法人の場合には、その代表者の氏名をも記載する（令3条1号・2号・4号）。この記載は、（注4）の代位原因証書の表示と合致していなければならない（法25条4号・9号）。なお、代位者が代理人を選任しないで自ら申請するときは、代位者の氏名（法人の場合は代表者の氏名）の次に押印する（令16条1項）。

(注13)　代位原因として、代位登記が認められるための要件となる法律関係又は事実関係を表示する。売買による所有権移転登記請求権を保全するために代位して申請する場合は、売買契約成立日をもって「何年何月何日売買の所有権移転登記請求権」と記載する（法59条7号、令3条4号）。

(注14)　【書式3】の（注14）参照。

(注15)　【書式1】の（注17）参照。

(注16)　建物の表示として、建物の所在、地番、家屋番号、種類、及び増築前の構造、床面積、並びに増築後の構造及び床面積を記載する（令別表14項申請情報欄イ）。また、登記原因及びその日付（令3条6号）として、変更のあった構造欄及び床面積欄を特定する番号②及び③を示した上で、増築の年月日及び変更、増築の旨を「②③何年何月何日変更、増築」と記載する。なお、不動産を識別するための番号（不動産番号。法27条4号、規則90条）を記載したときは、建物の所在、地番、家屋番号、種類、及び増築前の構造、床面積の記載を省略することができる（令6条1項2号）。

書式7　分筆の場合

1筆の土地の一部を売買によって取得した場合にも、当該所有権の取得を第三者に対抗するためには、所有権の移転の登記をしなければならないのは当然のことであるが、所有権の移転の登記をするには、当該土地について、まず分筆の登記をしなければならない。

したがって、売主が分筆の登記を申請しない場合には、買主は、売主に代位して、分筆の登記を申請する必要がある。代位による分筆の登記の申請情報としては、債権者（代位者である買主）及び債務者（被代位者である売主）の氏名又は名称及び住所並びに代位原因を記載し（令3条1号・4号）、添付情報として、代位原因を証する情報の提供を要する（令7条1項3号）。そのほかの申請情報の内容及び添付情報については、通常の分筆の登記を申請する場合と同様である。

なお、債権者代位による分筆の登記申請が認められるのは、売買された土地の範囲が、売買契約書等の書面上で明確になっている場合に限られる。

また、共同相続による登記をした後に、当該土地を数筆に分筆し、分筆後の土地を、それぞれ相続人らの一部の者の単有又は共有とする旨の遺産分割の調停が成立した場合において、他の相続人らの協力が得られないときは、当該土地の一部を相続することとなった者は、調停調書を代位原因を証する情報として、協力を得られない相続人に代位して分筆の登記を申請することができるとされている（平成2・4・24民三第1528号第三課長回答）。

この書式は、1筆の土地の一部の買主甲が、売主乙に代位して、分筆の登記を申請する場合の記載例である。

【登記申請書】

```
┌─────────────────────────────────────┐
│     ＊受付番号票をはり付ける部分      │
└─────────────────────────────────────┘
```

登　記　申　請　書

登記の目的　　土地分筆（**注1**）
添 付 書 類
　　　地積測量図（**注2**）　　代位原因証書（**注3**）
　　　会社法人等番号又は資格証明書（**注4**）　　代理権限証書（**注5**）
その他の事項
　　登記所での登記完了証の交付及び原本の還付を希望する（**注6**）

```
┌─────────────────────────────────────┐
│   又は                                │
│     登記完了証の交付及び原本の還付は送付の方法により交付を希望す│
│ る（注6）                             │
│     送付先：申請人又は代理人の住所又は事務所宛て（注7）│
└─────────────────────────────────────┘
```

令和何年何月何日申請（**注8**）　　　何法務局何支局（出張所）（**注9**）
所　有　者　　何市何町一丁目34番地
（被代位者）　　　　乙　　　某（**注10**）
代　位　者　　何市何町二丁目12番地
　　　　　　　　　　甲　　　　　某（**注11**）
代 位 原 因　　令和何年何月何日売買の所有権移転登記請求権（**注12**）
代　理　人　　何市何町何丁目何番地
　　　　　　　　　　何　　　　　某㊞（**注13**）
　　　　　　　　連絡先の電話番号○○－○○○○－○○○○（**注14**）
登録免許税　　金2,000円（**注15**）

不動産番号				
	所　　　在	何市何町何丁目		
土地の	① 地　　番	② 地　　目	③ 地　　積　　m²	登記原因及びその日付
	5番	宅　地	100:00	

表示（注16）	Ⓐ 5 番 1			50	50	①③ 5 番 1、5 番 2 に分筆
	Ⓑ 5 番 2	宅　地		49	50	5 番から分筆

（注 1）　登記の目的（令 3 条 5 号）は、「土地分筆」と記載する。

（注 2）　分筆の登記を申請するときは、分筆前の土地を図示し、分筆線を明らかにして分筆後の各土地を表示し、これに符号を付した地積測量図を提供しなければならない（令別表 8 項添付情報欄イ）。地積測量図は、1 筆の土地の地積に関する測量の結果を明らかにする図面であって（令 2 条 3 号）、日本産業規格 B 列 4 番の丈夫な用紙を用い（規則 74 条 3 項）、原則として、250 分の 1 の縮尺により作成し（規則 77 条 4 項本文）、作成の年月日並びに申請人及び作成者の氏名又は名称を記録した上で（規則 73 条 2 項）、申請人が記名するとともに、その作成者が署名し、又は記名押印したものであることを要する（規則 74 条 2 項）。ただし、250 分の 1 の縮尺によることが適当でないときは、適宜の縮尺によっても差し支えない（規則 77 条 4 項ただし書）。

　なお、土地の境界に境界標があるときは、これを記録しなければならない（規則 77 条 1 項 9 号）。

（注 3）　【書式 6】の（注 4）参照。

（注 4）から（注 9）　【書式 1】の（注 7）から（注 12）参照。

（注 10）　被代位者として、分筆した土地の所有者の氏名又は名称及び住所を記載する（令 3 条 4 号）。この記載は、当該土地の登記記録の表題部所有者又は所有権の登記名義人の記録と合致していなければならない

（法 25 条 7 号）。

（注 11）　代位者（申請人）として、分筆した土地の所有権を取得した買主の氏名又は名称及び住所を記載し、代位者が会社等の法人の場合には、その代表者の氏名をも記載する（令 3 条 1 号・2 号・4 号）。この記載は、**（注 3）** の代位原因証書の表示と合致していなければならない（法 25 条 4 号・9 号）。なお、代位者が代理人を選任しないで自ら申請するときは、代位者の氏名（法人の場合は代表者の氏名）の次に押印する（令 16 条 1 項）。

（注 12）　【書式 6】の **（注 13）** 参照。

（注 13）　【書式 5】の **（注 13）** 参照。

（注 14）　【書式 1】の **（注 17）** 参照。

（注 15）　所有権の登記のある土地について分筆の登記を申請するときは、登録免許税額を記載する（規則 189 条 1 項）。この金額は、分筆後の土地 1 個につき 1,000 円とされている（登免税法別表第 1・1・⒀イ）。

（注 16）　土地の表示として、当該土地の所在する市、区、郡、町、村及び字、地番、地目及び地積を記載するが（令 3 条 7 号）、分筆前の記載は、登記記録の記録と合致していなければならない（法 25 条 6 号）。また、分筆後の地番は、登記所において付番することになるため（法 35 条）、記載することを要しないが、登記所から予定地番を示された場合は、記載して差し支えない。

　　また、分筆後の土地には、①②③、（イ）（ロ）（ハ）、ABC 等適宜の符号を付さなければならない（規則 78 条、準則 51 条 1 項）。この符号は、地積測量図に付された符号と合致していなければならない。

　　なお、不動産を識別するための番号（不動産番号。法 27 条 4 号、規則 90 条）を記載したときは、分筆前の土地の所在、地番、地目及び地積の記載を省略することができる（令 6 条 1 項 1 号）。

　　登記原因及びその日付（令 3 条 6 号）として、地番及び地積欄を特定する番号①及び③を示した上で、分筆前の土地の地番と地積が、何番と何番に分筆したことにより変更する旨を「①③何番何、何番何に分筆」と記載し、分筆後の土地については「何番から分筆」と記載する。なお、その日付は、記載することを要しない。

書式8　地目変更の場合

　土地の地目が変更されたが、その登記がされないまま売買された場合、買主は、売主である当該土地の表題部所有者又は所有権の登記名義人に代位して、当該土地の地目の変更の登記を申請することができる。

　代位による地目の変更の登記の申請情報としては、債権者（代位者である買主）及び債務者（被代位者である売主）の氏名又は名称及び住所並びに代位原因を記載し（令3条1号・4号）、添付情報として、代位原因を証する情報の提供を要する（令7条1項3号）。そのほかの申請情報の内容及び添付情報については、通常の地目の変更の登記を申請する場合と同様である。

　この書式は、土地の買主甲が、売主乙に代位して、地目の変更の登記を申請する場合の記載例である。

【登記申請書】

```
┌─────────────────────────────────┐
│      ＊受付番号票をはり付ける部分      │
└─────────────────────────────────┘
```

登 記 申 請 書

登記の目的　　地目変更（**注1**）

添 付 書 類

　　許可書（**注2**）　　代位原因証書（**注3**）

　　会社法人等番号又は資格証明書（**注4**）　　代理権限証書（**注5**）

その他の事項

　登記所での登記完了証の交付及び原本の還付を希望する（**注6**）

┌─────────────────────────────────┐
│　又は
│　　登記完了証の交付及び原本の還付は送付の方法により交付を希望す
│る（**注6**）
│　　送付先：申請人又は代理人の住所又は事務所宛て（**注7**）
└─────────────────────────────────┘

令和何年何月何日申請（**注8**）　　何法務局何支局（出張所）（**注9**）

所 有 者　　　何市何町一丁目34番地

（被代位者）　　　　　乙　　　　某（**注10**）

代 位 者　　　何市何町二丁目12番地

　　　　　　　　　　　甲　　　　某（**注11**）

代 位 原 因　　令和何年何月何日売買の所有権移転登記請求権（**注12**）

代 理 人　　　何市何町何丁目何番地

　　　　　　　　　　　何　　　　某㊞（**注13**）

　　　　　　　連絡先の電話番号○○－○○○○－○○○○（**注14**）

不動産番号				
	所　　在	何市何町何丁目		
土地の	①　地　番	②　地　目	③　地　積　　m²	登記原因及びその日付
	何番	畑	800	

表示（注15）	宅　　地	800	50	②③令和何年何月何日地目変更

（注1） 　登記の目的（令3条5号）は、「地目変更」と記載する。

（注2） 　農地を農地以外のものにする場合には、農地法の規定による都道府県知事等の許可を得なければならない（農地法4条1項柱書本文）。したがって、農地について農地以外への地目の変更の登記申請には、農地法所定の許可書の提供を要する（令7条1項5号ハ）。

（注3） 　【書式6】の（**注4**）参照。

（注4） から（**注9**）　【書式1】の（**注7**）から（**注12**）参照。

（注10） 　被代位者として、地目を変更した土地の所有者の氏名又は名称及び住所を記載する（令3条4号）。この記載は、当該土地の登記記録の表題部所有者又は所有権の登記名義人の記録と合致していなければならない（法25条7号）。

（注11） 　代位者（申請人）として、地目を変更した土地の所有権を取得した買主の氏名又は名称及び住所を記載し、代位者が会社等の法人である場合には、その代表者の氏名をも記載する（令3条1号・2号・4号）。この記載は、（**注3**）の代位原因証書の表示と合致していなければならない（法25条4号・9号）。なお、代位者が代理人を選任しないで自ら申請するときは、代位者の氏名（法人の場合は代表者の氏名）の次に押印する（令16条1項）。

（注12） 　【書式6】の（**注13**）参照。

（**注13**）　【書式 5】の（**注 13**）参照。

（**注14**）　【書式 1】の（**注 17**）参照。

（**注15**）　土地の表示として、当該土地の所在する市、区、郡、町、村及び
字、地番、地目及び地積を記載するが（令 3 条 7 号）、変更前の記載は、
登記記録の記録と合致していなければならない（法 25 条 6 号）。

　　なお、不動産を識別するための番号（不動産番号。法 27 条 4 号、規
則 90 条）を記載したときは、変更前の土地の所在、地番、地目及び地
積の記載を省略することができる（令 6 条 1 項 1 号）。

　　地目を農地から宅地に変更したときは、地積については、1 平方
メートルの 100 分の 1 まで記載する必要がある（規則 100 条）。その場
合には、登記原因及びその日付（令 3 条 6 号）として、地目及び地積
欄を特定する番号②及び③を示した上で、変更した年月日（農地法所
定の許可のあった日ではなく、実際に地目を宅地に変更した日）及び
地目変更の旨を「②③何年何月何日地目変更」と記載する。

書式9　表題部所有者の住所を変更する場合

　表題登記のみがされている不動産について、売買契約が締結された場合、買主がその所有権の移転の登記を受けるには、その前提として、売主である表題部所有者名義の所有権の保存の登記がされなければならない。このとき、当該表題部所有者の住所が、住所移転等の事由により、現在の住所と合致していない場合には、買主は、売主に代位して、当該表題部所有者の住所の変更の登記を申請することができる。

　この書式は、買主甲が、売主乙に代位して、表題部所有者の住所の変更の登記を申請する場合の記載例である。

【登記申請書】

＊受付番号票をはり付ける部分

登　記　申　請　書

登記の目的　　土地所有者住所変更（**注1**）

添 付 書 類

　　変更証明書（**注2**）　代位原因証書（**注3**）

　　会社法人等番号又は資格証明書（**注4**）　代理権限証書（**注5**）

その他の事項

　登記所での登記完了証の交付及び原本の還付を希望する（**注6**）

　又は

　　登記完了証の交付及び原本の還付は送付の方法により交付を希望する（**注6**）

　　送付先：申請人又は代理人の住所又は事務所宛て（**注7**）

令和何年何月何日申請（**注8**）　　何法務局何支局（出張所）（**注9**）

被 代 位 者　　何市何町一丁目34番地

　　　　　　　　　（住民票コード12345678901）

　　　　　　　　　　乙　　　　　某（**注10**）

代 位 者　　何市何町二丁目12番地

　　　　　　　　　　甲　　　　　某（**注11**）

代 位 原 因　　令和何年何月何日売買の所有権移転登記請求権（**注12**）

代 理 人　　何市何町何丁目何番地

　　　　　　　　　　何　　　　　某㊞（**注13**）

　　　　　　　連絡先の電話番号○○－○○○○－○○○○（**注14**）

不動産番号					
土地の	所　　在	何市何町何丁目			
	①　地　番	②　地　目	③　地　積　　　m²		登記原因及びその日付
	500番	宅　地	100	00	

表示(注15)	501番	宅　地	50	00	

原　　　因　　令和何年何月何日住所移転
変更後の事項　住所　何市何町一丁目 34 番地（**注 16**）

（**注1**）　登記の目的（令3条5号）は、「土地所有者住所変更」と記載する。

（**注2**）　表題部所有者についての住所の変更があったことを証する情報として、個人の場合は住所地の市区町村長が作成した住民票の写しを、会社等の法人の場合は登記官が作成した登記事項証明書等を提供する（令別表1項添付情報欄）。

　　　　なお、個人が申請情報として住民票コード（住基法7条13号）を提供したとき、若しくは会社法人等番号を有する法人が当該会社法人等番号を提供したときは、住所を証する情報の提供を要しない（令9条、規則36条4項）。

（**注3**）　【書式6】の（**注4**）参照。

（**注4**）から（**注9**）　【書式1】の（**注7**）から（**注12**）参照。

（**注10**）　被代位者として、表題部所有者の氏名又は名称及び変更後の住所を記載する（令3条4号）。この氏名又は名称の記載は、当該土地の登記記録の表題部所有者の記録と合致していなければならない（法25条7号）。また、住所の記載は、（**注2**）の変更証明書の表示と合致していなければならない（法25条9号）。

（**注11**）　代位者（申請人）として、土地の所有権を取得した買主の氏名又は名称及び住所を記載し、代位者が会社等の法人である場合は、その代表者の氏名をも記載する（令3条1号・2号・4号）。この記載は、（**注3**）の代位原因証書の表示と合致していなければならない（法25条4号・9号）。なお、代位者が代理人を選任しないで自ら申請すると

きは、代位者の氏名（法人の場合は代表者の氏名）の次に押印する（令16条1項）。

(**注12**)　【書式6】の（**注13**）参照。

(**注13**)　【書式5】の（**注13**）参照。

(**注14**)　【書式1】の（**注17**）参照。

(**注15**)　土地の表示として、当該土地の所在する市、区、郡、町、村及び字、地番、地目及び地積を記載するが（令3条7号）、この記載は、登記記録の記録と合致していなければならない（法25条6号）。

　　なお、不動産を識別するための番号（不動産番号。法27条4号、規則90条）を記載したときは、土地の所在、地番、地目及び地積の記載を省略することができる（令6条1項1号）。

(**注16**)　申請情報の末尾に、登記原因及びその日付（令3条6号）として、住所を移転した日及び住所移転の旨を記載し、変更後の事項として、変更後の被代位者の住所を記載する（令別表1項申請情報欄）。

書式10　表題部所有者を更正する場合

　表題登記のみがされている不動産について、売買契約が締結された場合、買主がその所有権の移転の登記を受けるには、その前提として、売主である表題部所有者名義の所有権の保存の登記がされなければならない。このとき、当該表題部所有者が真正な所有者である売主と異なるときは、買主は、売主に代位して、表題部に記載された所有者の承諾を証する情報を提供し（法33条2項、令別表2項添付情報欄ハ）、表題部所有者を真正な所有者とする更正の登記を申請することができる。

　この書式は、表題登記のみがされている建物の買主甲が、売主乙に代位して、表題部所有者を真正な所有者とする更正の登記を申請する場合の記載例である。

【登記申請書】

＊受付番号票をはり付ける部分

登　記　申　請　書

登記の目的　　建物所有者更正（注1）

添 付 書 類

　　　所有権証明書（注2）　　　住所証明書（注3）　　　承諾書（注4）

　　　代位原因証書（注5）　　　会社法人等番号又は資格証明書（注6）

　　　代理権限証書（注7）

その他の事項

　登記所での登記完了証の交付及び原本の還付を希望する（注8）

又は

　　登記完了証の交付及び原本の還付は送付の方法により交付を希望する（注8）

　　送付先：申請人又は代理人の住所又は事務所宛て（注9）

令和何年何月何日申請（注10）　　何法務局何支局（何出張所）（注11）

被 代 位 者　　何市何町一丁目34番地

　　　　　　　　（住民票コード12345678901）

　　　　　　　　　乙　　　某（注12）

代 位 者　　何市何町二丁目12番地

　　　　　　　　　甲　　　某（注13）

代 位 原 因　　令和何年何月何日売買の所有権移転登記請求権（注14）

代 理 人　　何市何町何丁目何番地

　　　　　　　　　何　　　某㊞（注15）

　　　　　　　　連絡先の電話番号○○－○○○○－○○○○（注16）

不動産番号		
建物	所　　在	何市何町何丁目何番地
	家屋番号	何番

の表示（注17）	主たる建物又は附属建物	①種類	②構造	③床面積　m²	登記原因及びその日付
		居　宅	木造かわらぶき平家建	87｜50	

原　　　　因　錯誤
更正後の事項
所　有　者　何市何町一丁目 34 番地　乙　　　　某（**注18**）

（**注1**）　登記の目的（令 3 条 5 号）は、「建物所有者更正」と記載する。

（**注2**）　更正の登記をすることによって、建物の真正な表題部所有者となる者が当該建物の所有権を有することを証する情報（令別表 2 項添付情報欄イ）として、国有建物の払下げの契約書、建築基準法 6 条の確認及び同法 7 条の検査のあったことを証する情報、建築請負人又は敷地所有者の証明書、固定資産税の納付証明に係る情報、その他被代位者の所有権の取得を証するに足る情報を提供する（準則 87 条 1 項）。

なお、官庁又は公署が作成した証明書以外の証明書については、その情報が真正に作成されたことを証するため、署名押印者の印鑑証明書を添付し、法人の代表者その他一定の資格を有する者の場合は、その資格を証する情報又は会社法人等番号を提供する。

（**注3**）　更正の登記をすることによって建物の真正な表題部所有者となる者についての住所を証する情報として、個人の場合は住所地の市区町村長が作成した住民票の写しを、会社等の法人の場合は登記官が作成した登記事項証明書等を提供する（令別表 2 項添付情報欄ロ）。

なお、個人が申請情報として住民票コード（住基法 7 条 13 号）を提供したとき、若しくは会社法人等番号を有する法人が当該会社法人等番号を提供したときは、住所を証する情報の提供を要しない（令 9 条、規則 36 条 4 項）。

（**注4**）　表題部所有者についての更正の登記にあたっては、建物の表題部に誤って記録されている所有者の承諾を証する当該表題部所有者が作成し

た承諾を証する情報又は当該表題部所有者に対抗することができる裁判
があったことを証する情報を提供する（令別表 2 項添付情報欄ハ）。承諾
を証する情報を記載した書面には、作成者が記名押印し（令 19 条 1 項）、
記名押印した者の印鑑証明書を添付しなければならない（同条 2 項）。こ
の印鑑証明書の有効期限はない。なお、承諾者が会社等の法人であると
きは、会社法人等番号又は代表者の資格を証する情報をも提供する。

（注 5 ）　【書式 6 】の（注 4 ）参照。

（注 6 ）から（注 11 ）　【書式 1 】の（注 7 ）から（注 12 ）参照。

（注 12 ）　被代位者として、更正の登記をすることによって建物の真正な表
　　　題部所有者となる者の氏名又は名称及び住所を記載する（令 3 条 4 号）。
　　　この記載は、（注 2 ）の所有権証明書及び（注 3 ）の住所証明書の表示
　　　と合致していなければならない（法 25 条 9 号）。

（注 13 ）　代位者（申請人）として、建物の所有権を取得した買主の氏名又は
　　　名称及び住所を記載し、代位者が会社等の法人である場合は、その代表
　　　者の氏名をも記載する（令 3 条 1 号・2 号・4 号）。この記載は、（注 5 ）
　　　の代位原因証書の表示と合致していなければならない（法 25 条 4 号・9
　　　号）。なお、代位者が代理人を選任しないで自ら申請するときは、代位者
　　　の氏名（法人の場合は代表者の氏名）の次に押印する（令 16 条 1 項）。

（注 14 ）　【書式 6 】の（注 13 ）参照。

（注 15 ）　【書式 4 】の（注 15 ）参照。

（注 16 ）　【書式 1 】の（注 17 ）参照。

（注 17 ）　建物の表示として、建物の所在、地番、家屋番号、種類、構造及
　　　び床面積等を記載するが（令 3 条 8 号）、この記載は、登記記録の記録
　　　と合致していなければならない（法 25 条 6 号）。

　　　　なお、不動産を識別するための番号（不動産番号。法 27 条 4 号、規
　　　則 90 条）を記載したときは、建物の所在地番、家屋番号、種類、構造
　　　及び床面積等の記載を省略することができる（令 6 条 1 項 2 号）。

（注 18 ）　申請情報の末尾に、登記原因（令 3 条 6 号）は、「錯誤」と記載
　　　し、日付の記載は要しない。更正後の事項として、更正の登記をする
　　　ことによって建物の真正な表題部所有者となる者の氏名又は名称及び
　　　住所を記載する（令別表 2 項申請情報欄）。

第2 登記名義人の氏名若しくは名称又は住所の変更又は更正の代位登記

書式11　所有権の登記名義人の住所の変更の場合

　売買によって不動産の所有権を取得した場合、買主は所有権の移転の登記をしなければならないが、売主の氏名若しくは名称又は住所が氏名の変更又は住所移転等によって登記記録の記録と合致しないときは、登記記録の氏名若しくは名称又は住所を現在のものに変更してからでなければ、所有権の移転の登記申請は「登記義務者の氏名若しくは名称又は住所が登記記録と合致しない」として却下されることになる（法25条7号）。そのため、売主が、住所を移転したにもかかわらず、住所変更の登記を申請しない場合には、買主が、売主に代位して、所有権の登記名義人（売主）の住所の変更の登記を申請する必要がある。

　代位による登記名義人の住所変更の登記の申請情報としては、債権者（代位者である買主）及び債務者（被代位者である売主）の氏名又は名称及び住所並びに代位原因を記載し（令3条1号・4号）、添付情報として、代位原因を証する情報の提供を要する（令7条1項3号）。そのほかの申請情報の内容及び添付情報については、通常の住所移転又は氏名若しくは名称変更による登記名義人の住所又は氏名若しくは名称の変更の登記を申請する場合と同様である。

　この書式は、不動産の買主甲が、売主乙に代位して、住所の変更の登記を申請する場合の記載例である。

【登記申請書】

```
┌─────────────────────────────────────┐
│      ＊受付番号票をはり付ける部分       │
│                                     │
└─────────────────────────────────────┘
```

登　記　申　請　書

登記の目的　　所有権登記名義人住所変更（注1）

原　　　因　　令和何年何月何日住所移転（注2）

変更後の事項　住　所　何市何町一丁目 34 番地（注3）

被 代 位 者　　何市何町一丁目 34 番地

　　　　　　　　（住民票コード 12345678901）

乙　　　　　某（注4）

代 位 者　　何市何町二丁目 12 番地

甲　　　　　某（注5）

代 位 原 因　　令和何年何月何日売買の所有権移転登記請求権（注6）

添 付 書 類

　　登記原因証明情報（注7）　　代位原因証書（注8）

　　会社法人等番号又は資格証明書（注9）　　代理権限証書（注10）

その他の事項

　登記所での登記完了証の交付及び原本の還付を希望する（注11）

```
┌─────────────────────────────────────┐
│  又は                               │
│    登記完了証の交付及び原本の還付は送付の方法により交付を希望す │
│  る（注11）                          │
│    送付先：申請人又は代理人の住所又は事務所宛て（注12）        │
└─────────────────────────────────────┘
```

令和何年何月何日申請（注13）　　何法務局何支局（出張所）（注14）

代 理 人　　何市何町何丁目何番地

何　　　　　某㊞（注15）

　　　　　　　連絡先の電話番号○○－○○○○－○○○○（注16）

登録免許税　　金 1,000 円（注17）

不動産の表示（注18）

　不動産番号　　1234567890123（注19）

所　　　在	何市何町何丁目
地　　　番	123 番 4
地　　　目	宅地
地　　　積	567.89 平方メートル

（注 1）　登記の目的（令 3 条 5 号）は、「所有権登記名義人住所変更」と記載する。

（注 2）　登記原因及びその日付（令 3 条 6 号）として、住民票の写し等に記載されている住所移転の日及び「住所移転」の旨を記載する。

（注 3）　変更後の事項として、所有権の登記名義人（売主）の移転後の新住所を記載する（令別表 23 項申請情報欄、改正令別表 23 項申請情報欄イ（令和 6 年 4 月 1 日施行））。この記載は、（**注 7**）の登記原因証明情報（住民票の写し等）の表示と合致していなければならない（法 25 条 8 号）。

（注 4）　被代位者として、所有権の登記名義人（売主）の氏名又は名称及び変更後の住所を記載する（令 3 条 4 号）。この氏名又は名称の記載は、土地の所有権の登記名義人の記録と合致していなければならない（法 25 条 7 号）。また、住所の記載は、（**注 7**）の登記原因証明情報（住民票の写し等）の表示と合致していなければならない（法 25 条 9 号）。

　　なお、令和 6 年 4 月 1 日からは、申請情報として、登記名義人が法人であるときは法人識別事項の提供を、また、変更後の登記名義人の住所が国内にないときは国内連絡先事項の提供を要する（改正令別表 23 項申請情報欄ロ・ハ。法人識別事項及び国内連絡先事項に関する添付情報については、法務省令（不動産登記規則）において定められる。）。

（注 5）　代位者（申請人）として、不動産の所有権を取得した買主の氏名又は名称及び住所を記載し、代位者が会社等の法人である場合には、その代表者の氏名をも記載する（令 3 条 1 号・2 号・4 号）。この記載は、（**注 8**）の代位原因証書の表示と合致していなければならない（法 25 条 4 号・9 号）。なお、代位者が代理人を選任しないで自ら申請するときは、代位者の氏名（法人の場合は代表者の氏名）の次に押印する（令 16 条 1 項）。

(注6)　代位原因として、代位登記が認められるための要件となる法律関係又は事実関係を表示する。売買による所有権の移転の登記請求権を保全するために代位して申請する場合は、売買契約締結日をもって「何年何月何日売買の所有権移転登記請求権」と記載する（法59条7号、令3条4号）。

(注7)　登記原因証明情報（法61条）とは、登記原因となった事実又は法律行為及びこれに基づき現に権利変動が生じていることを証する情報であり、所有権の登記名義人についての住所の変更の場合は、変更があったことを証する情報として、個人の場合は住所地の市区町村長が作成した住民票の写しを、会社等の法人の場合は登記官が作成した登記事項証明書等を提供する（令別表23項添付情報欄）。

　　なお、個人が申請情報として住民票コード（住基法7条13号）を提供したとき、若しくは会社法人等番号（特定の会社、外国会社その他の商人を識別するための番号。商業登記法7条）を有する法人が当該会社法人等番号を提供したときは、住所を証する情報の提供を要しない（令9条、規則36条4項）。

(注8)　代位原因を証する情報として、売買契約証書等の登記官が当事者間に債権の存在することを確認することができる情報を提供する（令7条1項3号）。

(注9)　代位者が会社等の法人の場合で、会社法人等番号を有する法人にあっては当該法人の会社法人等番号を（令7条1項1号イ）、それ以外の法人にあっては当該法人の代表者の資格を証する情報を提供する（同号ロ）。ただし、代位者が会社法人等番号を有する法人であって、当該法人の代表者によって登記の申請をする場合に当該法人の代表者の資格を証する登記事項証明書（代表者事項証明書。商業登記規則30条1項4号）を提供したとき（規則36条1項1号）、若しくは支配人等（支配人その他法令の規定により法人を代理することができる者であって、その旨の登記がされているもの。以下同じ。）によって登記の申請をする場合に当該支配人等の権限を証する登記事項証明書（現在事項一部証明書。商業登記規則30条2項）を提供したとき（規則36条1項2号）は、当該法人の会社法人等番号の提供は、要しない（同

条1項柱書）。

　　なお、当該登記事項証明書は、いずれも作成後3月以内のものでなければならない（規則36条2項）。また、会社法人等番号を有しない法人が提供する当該法人の代表者の資格を証する情報が書面であって、登記官その他の公務員が職務上作成したものであるときは、作成後3月以内のものでなければならない（令17条1項）。

　　代位者の会社法人等番号を提供するときには、代位者の名称に続けて表示することで差し支えない（平成27・10・23民二第512号民事局長通達2(1)ア(ア)）。

(注10)　代位者が代理人によって登記を申請するときは、その代理権限を証する情報〔委任状。別記様式参照〕を提供する（令7条1項2号）。この情報が書面であって、登記官その他の公務員が職務上作成したものであるときは、作成後3か月以内のものでなければならない（令17条1項）。ただし、代位者が会社法人等番号を有する法人であって、支配人等が当該法人を代理して登記を申請する場合は、当該代理人の代理権限を証する情報の提供を要しない（規則36条3項）。

　　なお、法人（司法書士法人、弁護士法人）である代理人によって登記の申請をする場合において、当該代理人の会社法人等番号を提供したときは、当該会社法人等番号の提供をもって、当該代理人の資格を証する情報の提供に代えることができる（規則37条の2）。

(注11)　登記所において登記完了証の交付及び添付書面の原本の還付を希望する場合、又は送付の方法によることを希望する場合は、その旨を申請内容としなければならない（規則182条2項、55条6項）。

(注12)　登記完了証の交付及び添付書面の原本の還付を送付の方法によることを希望する場合は、送付先として、申請人又は代理人の住所又は事務所を記載する（規則182条2項、55条6項）。

　　登記完了証及び添付書面の原本の還付の送付は、「書留郵便等」の方法によることとされ（規則182条3項、55条7項）、その送付に要する費用を郵便切手等で提出しなければならない（規則182条3項、55条8項）。

(注13)　登記を申請する日、すなわち、申請書を登記所に提出する日を記

載する（規則34条1項7号）。

（注14）　不動産を管轄する登記所の表示として、法務局若しくは地方法務局若しくはこれらの支局又はこれらの出張所を記載する（規則34条1項8号）。

（注15）　代位者が代理人によって登記を申請するときは、その代理人の氏名又は名称及び住所並びに代理人が法人の場合は代表者の氏名を記載し（令3条3号）、記名押印する（令16条1項）。ただし、代理人が申請書に署名したときは、記名押印を要しない（規則47条1号）。この記載は、**（注10）**の代理権限を証する情報（委任状）の受任者の記載と合致していなければならない（法25条4号）。

（注16）　申請情報の内容に補正すべき点がある場合に、登記所の担当者から申請人又は代理人に連絡するための連絡先の電話番号その他の連絡先を記載する（規則34条1項1号）。

（注17）　登録免許税額を記載する（規則189条1項）。この金額は、不動産1個につき1,000円とされている（登免税法別表第1・1・(14)）。

（注18）　不動産の表示として、土地の場合は、当該土地の所在する市、区、郡、町、村及び字、地番、地目及び地積を記載し、建物の場合は、当該建物の所在する市、区、郡、町、村、字及び土地の地番、家屋番号、種類、構造及び床面積等を記載する（令3条7号・8号）。これらの記載は、登記記録の記録と合致していなければならない（法25条6号）。

（注19）　不動産を識別するための番号（不動産番号。法27条4号、規則90条）を記載したときは、**（注18）**の土地の所在、地番、地目及び地積、建物の所在、家屋番号、種類、構造及び床面積等の記載を省略することができる（令6条1項1号・2号）。

〔別記様式〕

委　任　状

何市何町何丁目何番地
何　　　某

　私は、上記の者を代理人と定め、下記登記申請に関する一切の権限を委任します。

記

1　物件の表示　　　後記のとおり
2　登記の目的　　　所有権登記名義人住所変更
3　原　　因　　　　令和何年何月何日住所移転
4　変更後の事項　　住所　何市何町一丁目 34 番地
5　代 位 原 因　　令和何年何月何日売買の所有権移転登記請求権

　令和何年何月何日

被代位者　何市何町一丁目 34 番地
乙　　　某

代位者　何市何町二丁目 12 番地
甲　　　某 ㊞

物件の表示
　何市何町何丁目 123 番 4 の土地

〔記録例 639〕代位による登記名義人の住所等の変更の登記

権　利　部　　（甲区）	（所有権に関する事項）		
順位番号	登 記 の 目 的	受付年月日・受付番号	権 利 者 そ の 他 の 事 項
付記1号	何番登記名義人住所変更	令和何年何月何日第何号	原因　令和何年何月何日住所移転 住所　何市何町一丁目 34 番地 代位者　何市何町二丁目 12 番地 　甲　某 代位原因　令和何年何月何日売買の所有権移転登記請求権

（注）　変更前の代位による登記名義人の住所等を抹消する記号（下線）を記録する。

書式 12　所有権の登記名義人の氏名又は名称の更正の場合

　所有者の氏名若しくは名称又は住所が初めから誤って登記されている場合には、これを正しい氏名若しくは名称又は住所に更正しなければ、その後の登記をすることができない（法25条7号）。そのため、所有者が氏名若しくは名称又は住所の更正の登記を申請しない場合には、所有権移転登記請求権又は抵当権設定登記請求権等を有する者は、所有者に代位して、登記名義人の氏名若しくは名称又は住所の更正の登記を申請する必要がある。

　代位による登記名義人の氏名若しくは名称又は住所の更正の登記の申請情報としては、債権者（代位者である買主又は抵当権者）及び債務者（被代位者である売主又は抵当権設定者）の氏名又は名称及び住所並びに代位原因を記載し（令3条1号・4号）、添付情報として、代位原因を証する情報の提供を要する（令7条1項3号）。そのほかの申請情報の内容及び添付情報については、通常の住所移転又は氏名若しくは名称の更正の登記を申請する場合と同様である。

　この書式は、不動産の買主甲が、売主乙に代位して、氏名の更正の登記を申請する場合の記載例である。

【登記申請書】

```
┌─────────────────────────────────────────────────┐
│         ┌─────────────────────────────┐         │
│         ┊    ＊受付番号票をはり付ける部分    ┊         │
│         ┊                             ┊         │
│         └─────────────────────────────┘         │
```

登 記 申 請 書

登記の目的　　所有権登記名義人氏名更正（**注1**）

原　　　因　　錯誤（**注2**）

変更後の事項　氏　名　　乙　　　　某（**注3**）

被 代 位 者　　何市何町一丁目34番地

　　　　　　　　　　　乙　　　　某（**注4**）

代 位 者　　何市何町二丁目12番地

　　　　　　　　　　　甲　　　　某（**注5**）

代 位 原 因　　令和何年何月何日売買の所有権移転登記請求権（**注6**）

添 付 書 類

　　　登記原因証明情報（**注7**）　代位原因証書（**注8**）

　　　会社法人等番号又は資格証明書（**注9**）　代理権限証書（**注10**）

その他の事項

　　登記所での登記完了証の交付及び原本の還付を希望する（**注11**）

┌───┐
│　又は   │
│　　登記完了証の交付及び原本の還付は送付の方法により交付を希望す│
│　る（**注11**）   │
│　　送付先：申請人又は代理人の住所又は事務所宛て（**注12**）   │
└───┘

令和何年何月何日申請（**注13**）　何法務局何支局（出張所）（**注14**）

代 理 人　　何市何町何丁目何番地

　　　　　　　　　　　何　　　　某㊞（**注15**）

　　　　　　　連絡先の電話番号○○－○○○○－○○○○（**注16**）

登録免許税　　金1,000円（**注17**）

不動産の表示（**注18**）

　　不動産番号　　1234567890123（**注19**）

　　所　　　在　　何市何町何丁目

```
地　　番　　123番4
地　　目　　宅地
地　　積　　567.89平方メートル
```

（**注1**）　登記の目的（令3条5号）は、「所有権登記名義人氏名更正」と記載する。

（**注2**）　登記原因（令3条6号）は、「錯誤」と記載し、日付の記載は要しない。

（**注3**）　更正後の事項として、所有権の登記名義人（売主）の正しい氏名を記載する（令別表23項申請情報欄、改正令別表23項申請情報欄イ（令和6年4月1日施行））。この記載は、（**注7**）の登記原因証明情報（戸籍の抄本等）の表示と合致していなければならない（法25条8号）。

（**注4**）　被代位者として、所有権の登記名義人（売主）の住所及び更正後の氏名又は名称を記載する（令3条4号）。この住所の記載は、土地の所有権の登記名義人の記録と合致していなければならない（法25条7号）。また、氏名又は名称の記載は、（**注7**）の登記原因証明情報（戸籍の抄本等）の表示と合致していなければならない（法25条8号）。

　なお、令和6年4月1日からは、申請情報として、登記名義人が法人であるときは、法人識別事項の提供を要する（改正令別表23項申請情報欄ロ。法人識別事項に関する添付情報については、法務省令（不動産登記規則）において定められる。）。

（**注5**）・（**注6**）　【書式11】の（**注5**）・（**注6**）参照。

（**注7**）　登記原因証明情報（法61条）とは、登記原因となった事実又は法律行為及びこれに基づき現に権利変動が生じていることを証する情報であり、所有権の登記名義人についての氏名又は名称の更正の場合は、氏名又は名称の更正があったことを証する情報として、個人の場合は住所地の市区町村長が作成した戸籍の謄抄本等の写しを、会社等の法人の場合は登記官が作成した登記事項証明書等を提供する（令別表23項添付情報欄）。

（**注8**）・（**注9**）　【書式11】の（**注8**）・（**注9**）参照。

（**注10**）　代位者が代理人によって登記を申請するときは、その代理権限を

証する情報（委任状）を提供する（令7条1項2号）。

　　この情報が書面であって、登記官その他の公務員が職務上作成したものであるときは、作成後3月以内のものでなければならない（令17条1項）。ただし、代位者が会社法人等番号を有する法人であって、支配人等が当該法人を代理して登記を申請する場合は、当該代理人の代理権限を証する情報の提供を要しない（規則36条3項）。

　　なお、法人（司法書士法人、弁護士法人）である代理人によって登記の申請をする場合において、当該代理人の会社法人等番号を提供したときは、当該会社法人等番号の提供をもって、当該代理人の資格を証する情報の提供に代えることができる（規則37条の2）。

（注11）から（注19）　【書式11】の（注11）から（注19）参照。

第3　所有権保存の代位登記

書式13　所有権保存の場合

　所有権の登記のない不動産を売買した場合は、まず売主名義に保存の登記をした後、買主名義への移転の登記をすることになるが、売主が任意に保存の登記を申請しないため、買主が移転の登記を受けることができないときは、買主は、売主に代位して、売主名義に保存の登記を申請することができる。

　また、代位の代位、例えば、乙が所有権の登記のない不動産を丙に贈与し、いまだ乙丙間の所有権の移転の登記をしない間に、丙が、さらに甲に売買した場合は、甲は、丙に代位して、乙名義に所有権の保存の登記を申請することができる。

　代位による所有権の保存の登記の申請情報としては、債権者（代位者である買主）及び債務者（被代位者である売主）の氏名又は名称及び住所並びに代位原因を記載し（令3条1号・4号）、添付情報として、代位原因を証する情報の提供を要する（令7条1項3号）。そのほかの申請情報の内容及び添付情報については、通常の所有権の保存の登記を申請する場合と同様である。

　この書式は、建物の買主甲が、売主乙に代位して、所有権の保存の登記を申請する場合の記載例である。

　なお、代位申請における代位者は申請人ではあるが、当該登記をすることによって、自らが登記名義人となる者ではない。また、被代位者は当該登記をすることによって登記名義人となる者ではあるが、申請人ではない。したがって、代位者及び被代位者のいずれに対しても、登記識別情報は通知されない。

【登記申請書】

＊受付番号票をはり付ける部分

登　記　申　請　書

登記の目的　　所有権保存（**注1**）
所　有　者
（被代位者）　何市何町一丁目34番地
　　　　　　　　（住民票コード12345678901）
　　　　　　　　　乙　　　　某（**注2**）
代　位　者　　何市何町二丁目12番地
　　　　　　　　　甲　　　　某（**注3**）
代　位　原　因　　令和何年何月何日売買の所有権移転登記請求権（**注4**）
添　付　書　類
　　住所証明書（**注5**）　　代位原因証書（**注6**）
　　会社法人等番号又は資格証明書（**注7**）　　代理権限証書（**注8**）
その他の事項
　　登記所での登記完了証の交付及び原本の還付を希望する（**注9**）

又は
　　登記完了証の交付及び原本の還付は送付の方法により交付を希望する（**注9**）
　　送付先：申請人又は代理人の住所又は事務所宛て（**注10**）

令和何年何月何日申請（**注11**）　　何法務局何支局（出張所）（**注12**）
代　理　人　　何市何町何丁目何番地
　　　　　　　　　何　　　　某㊞（**注13**）
　　　　　　　　連絡先の電話番号○○−○○○○−○○○○（**注14**）
課　税　価　格　　金何円（**注15**）
登録免許税　　金何円（**注16**）
不動産の表示（**注17**）
　　不動産番号　　1234567890123（**注18**）

```
所　　在　　何市何町何丁目 23 番地
家 屋 番 号　　23 番
種　　類　　居宅
構　　造　　木造かわらぶき 2 階建
床 面 積　　1 階　43.00 平方メートル
　　　　　　2 階　21.34 平方メートル
```

（**注1**）　登記の目的（令 3 条 5 号）は、「所有権保存」と記載する。

（**注2**）　被代位者として、売主の氏名又は名称及び住所を記載する（令 3 条 4 号）。この記載は、建物の登記記録の表題部所有者の表示及び（**注5**）の住所証明書の表示と合致していなければならない（法 25 条 7 号・9 号）。

　　　なお、令和 6 年 4 月 1 日からは、申請情報として、所有権の保存の登記をすることによって登記名義人となる者（被代位者）が法人であるときは、改正法 73 条の 2 第 1 項 1 号に規定する特定の法人を識別するために必要な事項として法務省令で定めるもの（法人識別事項）を、また、当該登記名義人となる者が国内に住所を有しないときは、改正法 73 条の 2 第 1 項 2 号に規定する国内における連絡先に関する事項として法務省令で定めるもの（国内連絡先事項）の提供を要する（改正令 3 条 11 号ト(1)・(2)。法人識別事項及び国内連絡先事項に関する添付情報については、法務省令（不動産登記規則）において定められる。）。

（**注3**）　代位者（申請人）として、建物の所有権を取得した買主の氏名又は名称及び住所を記載し、代位者が会社等の法人である場合は、その代表者の氏名をも記載する（令 3 条 1 号・2 号・4 号）。この記載は、（**注6**）の代位原因証書の表示と合致していなければならない（法 25 条 4 号・9 号）。なお、代位者が代理人を選任しないで自ら申請するときは、代位者の氏名（法人の場合は代表者の氏名）の次に押印する（令 16 条 1 項）。

（**注4**）　【書式 11】の（**注6**）参照。

（**注5**）　被代位者である売主（表題部所有者）の住所を証する情報として、個人の場合は住所地の市区町村長が作成した住民票の写しを、会社等

の法人の場合は登記官が作成した登記事項証明書等を提供する（令別表28項添付情報欄ニ）。

　なお、個人が申請情報として住民票コード（住基法7条13号）を提供したとき、若しくは会社法人等番号（特定の会社、外国会社その他の商人を識別するための番号。商業登記法7条）を有する法人が当該会社法人等番号を提供したときは、住所を証する情報の提供を要しない（令9条、規則36条4項）。

（注6）から（注12）　【書式11】の（**注8**）から（**注14**）参照。

（注13）　代位者が代理人によって登記を申請するときは、その代理人の氏名又は名称及び住所並びに代理人が法人の場合は代表者の氏名を記載し（令3条3号）、記名押印する（令16条1項）。ただし、代理人が申請書に署名したときは、記名押印を要しない（規則47条1号）。この記載は、（**注8**）の代理権限を証する情報（委任状）の受任者の記載と合致していなければならない（法25条4号）。

（注14）　【書式11】の（**注16**）参照。

（注15）　登録免許税の課税標準の金額を記載する（規則189条1項）。この金額は、当該登記の時における不動産の価額によるとされているが（登免税法10条1項）、この価額は当分の間、固定資産税課税台帳に登録された価格に100分の100を乗じて計算した価額とされている（登免税法附則7条、登免税法施行令附則3項）。この金額に1,000円未満の端数があるときは、その端数は切り捨て（国税通則法118条1項）、その全額が1,000円に満たないときは1,000円とするとされている（登免税法15条）。

（注16）　登録免許税額を記載する（規則189条1項）。この金額は、（**注15**）に記載した課税価格に1,000分の4を乗じて計算した価額である（登免税法別表第1・1・(1)）。この金額に100円未満の端数があるときは、その端数を切り捨て（国税通則法119条1項）、その金額が1,000円に満たないときは、1,000円とするものとされている（登免税法19条）。

（注17）　【書式11】の（**注18**）参照。

（注18）　不動産を識別するための番号（不動産番号。法27条4号、規則

90条）を記載したときは、(**注17**) の土地の所在、地番、地目及び地積、建物の所在、家屋番号、種類、構造及び床面積等の記載を省略することができる（令6条1項1号・2号）。

〔**別記様式**〕

委　任　状

　　　　　　　　　　　　　何市何町何丁目何番地
　　　　　　　　　　　　　　　何　　　某

　私は、上記の者を代理人と定め、下記登記申請に関する一切の権限を委任します。

記

1　不動産の表示　　後記のとおり
2　登記の目的　　　所有権保存
3　所　有　者　　　何市何町一丁目34番地　　乙　　　　某
4　代位原因　　　　令和何年何月何日売買の所有権移転登記請求権

　令和何年何月何日
　　　　　　　　　被代位者　何市何町一丁目34番地
　　　　　　　　　　　　　　　　　乙　　　　某
　　　　　　　　　代位者　　何市何町二丁目12番地
　　　　　　　　　　　　　　　　　甲　　　　某　㊞

不動産の表示
　　何市何町何丁目23番地
　　家屋番号23番の建物

〔**記録例 637**〕 **代位による所有権の保存の登記**

権　利　部　（甲区）		（所有権に関する事項）	
順位番号	登　記　の　目　的	受付年月日・受付番号	権利者その他の事項
1	所有権保存	令和何年何月何日 第何号	所有者　何市何町一丁目34番地 　乙　某 代位者　何市何町二丁目12番地 　甲　某 代位原因　令和何年何月何日売買 　の所有権移転登記請求権

第4　権利取得の代位登記

書式 14　相続による所有権移転の場合

　不動産の所有者について相続が開始したときは、当該不動産の所有権は、当然に相続人に移転し、相続人は、当該不動産の処分権を取得するので、第三者は、当該相続人から権利を取得し、又は相続人に対する債権の強制執行として当該不動産を差し押さえることも可能になる。しかし、その登記をするには、前提として相続による所有権の移転の登記がされていなければならない。そのため、相続人が相続による所有権の移転の登記を申請しないときは、当該相続人に対して権利を有する者（債権者）が、代位によって相続による所有権の移転の登記を申請することができる。

　代位による相続を原因とする所有権の移転の登記の申請情報としては、債権者（代位者）及び債務者（被代位者である相続人）の氏名又は名称及び住所並びに代位原因を記載し（令3条1号・4号）、添付情報として、代位原因を証する情報の提供を要する（令7条1項3号）。そのほかの申請情報の内容及び添付情報については、通常の相続による所有権の移転の登記を申請する場合と同様である。

　この書式は、相続財産である建物に対して仮差押えをした債権者甲が、その登記をする前提として、相続人乙に代位して、相続による所有権の移転の登記を申請する場合の記載例である。

　なお、代位申請における代位者は申請人ではあるが、当該登記をすることによって、自らが登記名義人となる者ではない。また、被代位者は当該登記をすることによって登記名義人となる者ではあるが、申請人ではない。したがって、代位者及び被代位者のいずれに対しても、登記識別情報は通知されない。

【登記申請書】

＊受付番号票をはり付ける部分

登 記 申 請 書

登記の目的　　所有権移転（**注1**）

原　　　因　　令和何年何月何日相続（**注2**）

相 続 人　　（被相続人 何　　　某）（**注3**）

（被代位者）　何市何町一丁目34番地

　　　　　　　　（住民票コード12345678901）

乙　　　某

代 位 者　　何市何町二丁目12番地

甲　　　某（**注4**）

代 位 原 因　　令和何年何月何日仮差押命令による仮差押登記請求権（**注5**）

添 付 書 類

　　登記原因証明情報（**注6**）　　住所証明書（**注7**）

　　代位原因証書（**注8**）　　会社法人等番号又は資格証明書（**注9**）

　　代理権限証書（**注10**）

その他の事項

　　登記所での登記完了証の交付及び原本の還付を希望する（**注11**）

又は

　　登記完了証の交付及び原本の還付は送付の方法により交付を希望する（**注11**）

　　送付先：申請人又は代理人の住所又は事務所宛て（**注12**）

令和何年何月何日申請（**注13**）　　何法務局何支局（出張所）（**注14**）

代 理 人　　何市何町何丁目何番地

何　　　某㊞（**注15**）

　　　　　　　　連絡先の電話番号〇〇－〇〇〇〇－〇〇〇〇（**注16**）

課 税 価 格　　金何円（**注17**）

登 録 免 許 税　　金何円（**注18**）

不動産の表示（**注19**）

不動産番号	1234567890123（**注20**）	
所　　在	何市何町何丁目 23 番地	
家 屋 番 号	23 番	
種　　類	居宅	
構　　造	木造かわらぶき 2 階建	
床 面 積	1 階　43.00 平方メートル	
	2 階　21.34 平方メートル	

（**注1**）　登記の目的（令 3 条 5 号）は、「所有権移転」と記載する。

（**注2**）　登記原因及びその日付（令 3 条 6 号）として、被相続人（所有権の登記名義人）の死亡の年月日（戸籍に記載されている年月日）及び相続の旨を記載する。

（**注3**）　括弧書きで（被相続人何某）と被相続人の氏名を記載する。この記載は、建物の登記記録の所有権の登記名義人の記録及び（**注6**）の登記原因証明情報（戸籍の謄抄本等）の表示と合致していることを要し（法 25 条 7 号・8 号）、合致していないときは、その同一性を証する情報の提供を要する。

　　また、被代位者として、相続人の氏名及び住所を記載し（令 3 条 4 号）、相続人が 2 人以上のときは、各相続人の持分をも記載する（令 3 条 9 号）。この記載は、（**注6**）の登記原因証明情報（戸籍の謄抄本等）及び（**注7**）の住所証明書の表示と合致していなければならない（法 25 条 8 号・9 号）。

　　なお、令和 6 年 4 月 1 日からは、申請情報として、所有権の移転の登記をすることによって登記名義人となる者（被代位者）が国内に住所を有しないときは、改正法 73 条の 2 第 1 項 2 号に規定する国内における連絡先に関する事項として法務省令で定めるもの（国内連絡先事項）の提供を要する（改正令 3 条 11 号ト(2)。国内連絡先事項に関する添付情報については、法務省令（不動産登記規則）において定められる。）。

（**注4**）　代位者（申請人）として、相続財産に対して仮差押えをした債権

　　者の氏名又は名称及び住所を記載し、代位者が会社等の法人である場
　　合には、その代表者の氏名をも記載する（令 3 条 1 号・2 号・4 号）。
　　この記載は、（**注 8**）の代位原因証書の表示と合致していなければなら
　　ない（法 25 条 4 号・9 号）。なお、代位者が代理人を選任しないで自
　　ら申請するときは、代位者の氏名（法人の場合は代表者の氏名）の次
　　に押印する（令 16 条 1 項）。

（**注 5**）　代位原因として、代位登記が認められるための要件となる法律関
　　係又は事実関係を表示する。仮差押命令による仮差押えの登記請求権
　　を保全するために代位して申請する場合は、仮差押命令があった日を
　　もって「何年何月何日仮差押命令による仮差押登記請求権」と記載す
　　る（法 59 条 7 号、令 3 条 4 号）。

（**注 6**）　登記原因証明情報（法 61 条）とは、登記原因となった事実又は法
　　律行為及びこれに基づき現に権利変動が生じていることを証する情報
　　であり、相続による所有権の移転の場合は、相続を証する市区町村長、
　　その他の公務員が職務上作成した情報その他の登記原因を証する情報
　　又は法定相続情報一覧図の写しを提供する（令別表 22 項添付情報欄）。
　　これらの書面としては、通常、戸籍（除籍）謄本又は抄本、遺産分割
　　協議書（遺産分割の審判、調停調書）、相続放棄申述受理証明書及び特
　　別受益証明書等を提供することになる。
　　　なお、登記原因証明情報のうち、戸籍（除籍）謄本又は抄本に限っ
　　ては、相続関係説明図を提出することにより、原本の還付（規則 55 条
　　1 項・2 項）を受けることができる（平成 17・2・25 民二第 457 号民事
　　局長通達第 1 の 7）。その他の登記原因証明情報について原本の還付を
　　受けるには、その写し（謄本）を提供しなければならない。

（**注 7**）　被代位者である相続人の住所を証する情報として、住所地の市区町
　　村長が作成した住民票の写しを提供する（令別表 30 項添付情報欄ハ）。
　　　なお、申請情報として住民票コード（住基法 7 条 13 号）を提供した
　　ときは、住所を証する情報の提供を要しない（令 9 条、規則 36 条 4 項）。

（**注 8**）　代位原因を証する情報として、仮差押命令の正本を提供する（令
　　7 条 1 項 3 号）。

（**注 9**）から（**注 16**）　【書式 11】の（**注 9**）から（**注 16**）参照。

（**注17**）　【書式13】の（**注15**）参照。

（**注18**）　登録免許税額を記載する（規則189条1項）。この金額は、（**注**17）に記載した課税価格に1,000分の4を乗じて計算した価額である（登免税法別表第1・1・(2)イ）。この金額に100円未満の端数があるときは、その端数を切り捨て（国税通則法119条1項）、その金額が1,000円に満たないときは、1,000円とするものとされている（登免税法19条）。

（**注19**）　【書式11】の（**注18**）参照。

（**注20**）　不動産を識別するための番号（不動産番号。法27条4号、規則90条）を記載したときは、（**注19**）の土地の所在、地番、地目及び地積、建物の所在、家屋番号、種類、構造及び床面積等の記載を省略することができる（令6条1項1号・2号）。

〔別記様式〕

委　任　状

何市何町何丁目何番地

何　　　某

　私は、上記の者を代理人と定め、下記登記申請に関する一切の権限を委任します。

記

1　不動産の表示　　後記のとおり
2　登 記 の 目 的　　所有権移転
3　原　　　　　因　　令和何年何月何日相続
4　相　　続　　人　　何市何町一丁目 34 番地　　乙　　　　某
5　代 位 原 因　　令和何年何月何日仮差押命令による仮差押登記請求権

　　令和何年何月何日
　　　　　　　　被代位者　　何市何町一丁目 34 番地
　　　　　　　　　　　　　　　　　　　乙　　　　某
　　　　　　　　代位者　　　何市何町二丁目 12 番地
　　　　　　　　　　　　　　　　　　　甲　　　　某　㊞

不動産の表示
　　何市何町何丁目 23 番地
　　家屋番号 23 番の建物

※以下参考

〔記録例 640〕代位による相続（差押え後、公売前の相続の場合）の
　　　　　　登記

権　利　部	（甲区）	（所有権に関する事項）	
順位番号	登 記 の 目 的	受付年月日・受付番号	権 利 者 そ の 他 の 事 項
2	所有権移転	（事項省略）	（事項一部省略） 所有者　何市何町何番地 　甲　某
3	差押	（事項省略）	（事項省略）
4	所有権移転	令和何年何月何日 第何号	原因　令和何年何月何日相続 所有者　何市何町何丁目何番地 　乙　某 代位者　財務省 代位原因　令和何年何月何日公売

書式 15　売買による所有権移転の場合

　乙が売買により取得した丙名義の不動産について、乙が甲のために抵当
権を設定した場合、甲は乙に対する抵当権設定登記請求権を取得する。こ
の場合、丙から乙への所有権の移転の登記が未了のまま、乙がその所有権
移転登記請求権を行使しないときは、甲は、自己の抵当権設定登記請求権
を保全するため、乙に代位して、丙を登記義務者とする丙から乙への売買
による所有権の移転の登記を申請することができる。

　この書式は、抵当権設定登記請求権を取得した甲が、抵当権設定者乙に
代位して、丙を登記義務者とする丙から乙への売買による所有権の移転の
登記を丙と共同して申請する場合の記載例である。

　なお、代位申請における代位者は申請人ではあるが、当該登記をするこ
とによって、自らが登記名義人となる者ではない。また、被代位者は当該
登記をすることによって登記名義人となる者ではあるが、申請人ではない。
したがって、代位者及び被代位者のいずれに対しても、登記識別情報は通
知されない。

【登記申請書】

```
┌─────────────────────────────────────┐
│         ＊受付番号票をはり付ける部分          │
│                                     │
└─────────────────────────────────────┘
```

登　記　申　請　書

登記の目的　　所有権移転（**注1**）

原　　　因　　令和何年何月何日売買（**注2**）

権　利　者　　何市何町一丁目 34 番地

（被代位者）　　　（住民票コード 12345678901）

乙　　　　　某（**注3**）

義　務　者　　何市何町三丁目 50 番地

丙　　　　　某（**注4**）

代　位　者　　何市何町二丁目 12 番地

甲　　　　　某（**注5**）

代位原因　　　令和何年何月何日設定の抵当権設定登記請求権（**注6**）

添付書類

　　登記原因証明情報（**注7**）　　登記識別情報又は登記済証（**注8**）

　　印鑑証明書（**注9**）　　住所証明書（**注10**）　　代位原因証書（**注11**）

　　会社法人等番号又は資格証明書（**注12**）　　代理権限証書（**注13**）

登記識別情報又は登記済証を提供（又は提出）することができない理由（**注14**）

　□不通知　　　□失効　　　□失念　　　□管理支障　　　□取引円滑障害

　□その他（　　　　　　　　　）

その他の事項

　　登記所での登記完了証の交付及び原本の還付を希望する（**注15**）

```
┌─────────────────────────────────────────┐
│ 　又は                                      │
│ 　　登記完了証の交付及び原本の還付は送付の方法により交付を希望す │
│ 　る（注15）                                 │
│ 　　送付先：申請人又は代理人の住所又は事務所宛て（注16）      │
└─────────────────────────────────────────┘
```

令和何年何月何日申請（**注17**）　　何法務局何支局（出張所）（**注18**）

代　理　人　　何市何町何丁目何番地

何　　　　　某㊞（**注19**）

連絡先の電話番号○○－○○○○－○○○○（**注20**）

課税価格　　金何円（**注21**）

登録免許税　金何円（**注22**）

不動産の表示（**注23**）

　不動産番号　　1234567890123（**注24**）

　所　　在　　何市何町何丁目23番地

　家屋番号　　23番

　種　　類　　居宅

　構　　造　　木造かわらぶき2階建

　床面積　　1階　43.00平方メートル

　　　　　　2階　21.34平方メートル

（**注1**）【書式14】の（**注1**）参照。

（**注2**）登記原因及びその日付（令3条6号）として、売買契約の成立年月日及び売買の旨を記載する。

（**注3**）被代位者として、買主の氏名又は名称及び住所を記載する（令3条4号）。この記載は、（**注7**）の登記原因証明情報（売買契約書等）及び（**注10**）の住所証明書の表示と合致していなければならない（法25条8号・9号）。

　なお、令和6年4月1日からは、申請情報として、所有権の移転の登記をすることによって登記名義人となる者（被代位者）が法人であるときは、改正法73条の2第1項1号に規定する特定の法人を識別するために必要な事項として法務省令で定めるもの（法人識別事項）の提供を、また、当該登記名義人となる者が国内に住所を有しないときは、改正法73条の2第1項2号に規定する国内における連絡先に関する事項として法務省令で定めるもの（国内連絡先事項）の提供を要する（改正令3条11号ト(1)・(2)。法人識別事項及び国内連絡先事項に関する添付情報については、法務省令（不動産登記規則）において定められる。）。

（**注4**）登記義務者（法60条）として、売主である所有権の登記名義人の氏名又は名称及び住所を記載し、登記義務者が会社等の法人である場合には、その代表者の氏名をも記載する（令3条1号・2号）。この記

載は、登記記録の所有権の登記名義人の記録及び（**注 7**）の登記原因
証明情報（売買契約書等）の表示と合致していなければならない（法
25 条 7 号・8 号）。登記義務者が代理人を選任しないで自ら申請すると
きは、登記義務者の氏名（法人の場合は代表者の氏名）の次に押印
（（**注 9**）の印鑑証明書と同一のもの）する（令 16 条 1 項）。

（**注 5**）　代位者（申請人）として、抵当権設定登記請求権を有する債権者
（抵当権者）の氏名又は名称及び住所を記載し、代位者が会社等の法人
である場合には、その代表者の氏名をも記載する（令 3 条 1 号・2
号・4 号）。この記載は、（**注 11**）の代位原因証書の表示と合致してい
なければならない（法 25 条 4 号・9 号）。なお、代位者が代理人を選
任しないで自ら申請するときは、代位者の氏名（法人の場合は代表者
の氏名）の次に押印する（令 16 条 1 項）。

（**注 6**）　代位原因として、代位登記が認められるための要件となる法律関
係又は事実関係を表示する。抵当権設定登記請求権を保全するために
代位して申請する場合は、抵当権設定契約日をもって「何年何月何日
設定の抵当権設定登記請求権」と記載する（法 59 条 7 号、令 3 条 4 号）。

（**注 7**）　登記原因証明情報（法 61 条）とは、登記原因となった事実又は法
律行為及びこれに基づき現に権利変動が生じていることを証する情報
であり、売買による所有権の移転の場合は、契約の内容（当事者、対
象物件が明らかであり、登記原因の発生についての当事者の意思の合
致ないし当該権利変動の内容等が明らかにされたもの）を記載した売
買契約証書等がこれに当たる。なお、契約証書を作成しなかった場合
には、当事者において契約の内容を記載した書面を作成して提供する
（令別表 30 項添付情報欄イ）。

（**注 8**）　登記義務者が、当該不動産について所有権の保存又は移転の登記
をしたときに、登記所から通知された登記識別情報（法 22 条）を提供
する。登記識別情報の提供方法は、登記識別情報を記載した書面を封
筒に入れ、この封筒に登記義務者の氏名又は名称及び登記の目的を記
載し、登記識別情報を記載した書面が在中する旨を明記する（規則 66
条 1 項 2 号・2 項・3 項）。平成 16 年法律第 123 号による不動産登記法
施行前に所有権の保存又は移転の登記を受けた登記義務者が最初に当

該登記所に申請する場合には、従来の登記済証を提出することになる（法 22 条、同附則 7 条）。

　なお、この場合において、登記識別情報又は登記済証を提供又は提出することができないときは、登記官は登記義務者に対して、当該申請があった旨、及び当該申請の内容が真実であれば 2 週間以内にその旨の申出をすべき旨を通知することになる（法 23 条 1 項、規則 70 条 8 項）。ただし、登記官が資格者代理人から登記義務者であることを確認するために必要な情報の提供を受け、かつ、その内容を相当と認めたとき（法 23 条 4 項 1 号、規則 72 条）、又は公証人から登記義務者であることを確認するために必要な認証がされ、かつ、登記官がその内容を相当と認めたときは（法 23 条 4 項 2 号）、登記義務者への通知は要しない（法 23 条 4 項柱書）。

（注 9）　所有権の登記名義人が登記義務者として登記を申請する場合には、その者の印鑑証明書（個人の場合は住所地の市区町村長が作成したもの、会社等の法人の場合は登記官が作成したもの）を添付する（令 16 条 2 項，18 条 2 項）。これらの印鑑証明書は、作成後 3 か月以内のものでなければならない（令 16 条 3 項、18 条 3 項）。ただし、①所有権の登記名義人である法人の代表者が記名押印した者である場合において、当該法人の会社法人等番号（特定の会社、外国会社その他の商人を識別するための番号。商業登記法 7 条）を申請情報の内容としたとき（登記官が当該法人の代表者の印鑑証明書を作成することができる場合に限る。）（規則 48 条 1 号、49 条 2 項 1 号）、②所有権の登記名義人又はその代表者が記名押印した申請書又は委任状について、公証人又はこれに準ずる者の認証を受けた場合（規則 48 条 2 号、49 条 2 項 2 号）には、印鑑証明書の添付を要しない。なお、①の場合、申請書における添付書類の表示として「印鑑証明書（会社法人等番号何番）」の例により記載する。

（注 10）　被代位者である買主の住所を証する情報として、個人の場合は住所地の市区町村長が作成した住民票の写しを、会社等の法人の場合は登記官が作成した登記事項証明書等を提供する（令別表 30 項添付情報欄ハ）。

　なお、個人が申請情報として住民票コード（住基法7条13号）を提供したとき、若しくは会社法人等番号を有する法人が当該会社法人等番号を提供したときは、住所を証する情報の提供を要しない（令9条、規則36条4項）。

（注11）　代位原因を証する情報として、抵当権設定契約証書等の登記官が当事者間に債権の存在することを確認することができる情報を提供する（令7条1項3号）。

（注12）　代位者及び登記義務者が会社等の法人の場合で、会社法人等番号を有する法人にあっては当該法人の会社法人等番号を（令7条1項1号イ）、それ以外の法人にあっては当該法人の代表者の資格を証する情報を提供する（同号ロ）。ただし、代位者及び登記義務者が会社法人等番号を有する法人であって、当該法人の代表者によって登記の申請をする場合に当該法人の代表者の資格を証する登記事項証明書（代表者事項証明書。商業登記規則30条1項4号）を提供したとき（規則36条1項1号）、若しくは支配人等（支配人その他法令の規定により法人を代理することができる者であって、その旨の登記がされているもの。以下同じ。）によって登記の申請をする場合に当該支配人等の権限を証する登記事項証明書（現在事項一部証明書。商業登記規則30条2項）を提供したとき（規則36条1項2号）は、当該法人の会社法人等番号の提供は、要しない（同条1項柱書）。

　なお、当該登記事項証明書は、いずれも作成後3か月以内のものでなければならない（規則36条2項）。また、会社法人等番号を有しない法人が提供する当該法人の代表者の資格を証する情報が書面であって、登記官その他の公務員が職務上作成したものであるときは、作成後3か月以内のものでなければならない（令17条1項）。

　代位者及び登記義務者の会社法人等番号を提供するときには、代位者及び登記義務者の名称に続けて表示することで差し支えない（平成27・10・23民二第512号民事局長通達2⑴ア㋐）。

（注13）　代位者及び登記義務者が代理人によって登記を申請するときは、その代理権限を証する情報〔委任状。別記様式参照〕を提供する（令7条1項2号）。この情報が書面であって登記官その他の公務員が職務上

作成したものであるときは、作成後3か月以内のものでなければならない（令17条1項）。ただし、申請人が会社法人等番号を有する法人であって、支配人等が当該法人を代理して登記を申請する場合は、当該代理人の代理権限を証する情報の提供を要しない（規則36条3項）。

　なお、法人（司法書士法人、弁護士法人）である代理人によって登記の申請をする場合において、当該代理人の会社法人等番号を提供したときは、当該会社法人等番号の提供をもって、当該代理人の資格を証する情報の提供に代えることができる（規則37条の2）。

(注14)　登記義務者が登記識別情報又は登記済証を提供又は提出できないときは、その理由を該当する□にチェックをする（法22条ただし書、令3条12号）。

(注15) から **(注18)**　【書式11】の（注11）から（注14）参照。

(注19)　代位者又は登記義務者が代理人によって登記を申請するときは、その代理人の氏名又は名称及び住所並びに代理人が法人の場合は代表者の氏名を記載し（令3条3号）、記名押印する（令16条1項）。ただし、代理人が申請書に署名したときは、記名押印を要しない（規則47条1号）。この記載は、（注13）の代理権限を証する情報（委任状）の受任者の記載と合致していなければならない（法25条4号）。

(注20)　【書式11】の（注16）参照。

(注21)　【書式13】の（注15）参照。

(注22)　登録免許税額を記載する（規則189条1項）。この金額は、（注21）に記載した課税価格に1,000分の20を乗じて計算した価額である（登免税法別表第1・1・(2)ハ）。この金額に100円未満の端数があるときは、その端数を切り捨て（国税通則法119条1項）、その金額が1,000円に満たないときは、1,000円とするものとされている（登免税法19条）。

(注23)　【書式11】の（注18）参照。

(注24)　不動産を識別するための番号（不動産番号。法27条4号、規則90条）を記載したときは、（注23）の土地の所在、地番、地目及び地積、建物の所在、家屋番号、種類、構造及び床面積等の記載を省略することができる（令6条1項1号・2号）。

〔別記様式〕

委　任　状

何市何町何丁目何番地
何　　　某

　私たちは、上記の者を代理人と定め、下記登記申請に関する一切の権限を委任します。

記

1　不動産の表示　　後記のとおり
2　登記の目的　　所有権移転
3　原　　　因　　令和何年何月何日売買
4　所　有　者　　何市何町一丁目34番地　　乙　　　　某
5　代位原因　　令和何年何月何日設定の抵当権設定登記請求権

　令和何年何月何日

被代位者　何市何町一丁目34番地
乙　　　某
代位者　　何市何町二丁目12番地
甲　　　某　㊞
義務者　　何市何町三丁目50番地
丙　　　某　㊞

不動産の表示
　　何市何町何丁目23番地
　　家屋番号23番の建物

（注）　丙某は、印鑑証明書の印と同一の印を押印する。

〔記録例 638〕代位による所有権の移転の登記

順位番号	登記の目的	受付年月日・受付番号	権利者その他の事項
何	所有権移転	令和何年何月何日 第何号	原因　令和何年何月何日売買 所有者　何市何町一丁目34番地 　　乙　某 代位者　何市何町二丁目12番地 　　甲　某 代位原因　令和何年何月何日設定 　　の抵当権設定登記請求権

権利部　（甲区）　（所有権に関する事項）

書式 16　判決による所有権移転の場合

　売買によって丙所有の不動産を乙が取得したが、その登記をしないまま乙が同一不動産を甲に売却した場合は、まず、丙から乙への所有権の移転の登記をした上で、乙から甲に所有権の移転の登記をすることになる。この場合、乙が丙に対する所有権移転登記請求権を行使しないときは、甲は、乙に対する登記請求権を保全するため、乙に代位して、丙に対して所有権の移転の登記を請求することができる。もっとも、丙もこの登記に協力しない場合には、甲は、丙を被告として、この登記をするよう乙に代位して訴えを提起し、この勝訴判決を得た上で、乙に代位して単独で、丙から乙への所有権の移転の登記を申請することができる。

　この書式は、買主である債務者乙が、売主である丙に対する所有権移転登記請求権を行使せず、また、丙も所有権の移転の登記に協力しないため、債権者甲が、乙を代位して、丙に対し、所有権移転登記手続を命ずる確定判決を得た上で、丙を登記義務者とする丙から乙への売買による所有権の移転の登記を単独で申請する場合の記載例である。

　なお、代位申請における代位者は申請人ではあるが、当該登記をすることによって、自らが登記名義人となる者ではない。また、被代位者は当該登記をすることによって登記名義人となる者ではあるが、申請人ではない。したがって、代位者及び被代位者のいずれに対しても、登記識別情報は通知されない。

【登記申請書】

```
┌─────────────────────────────────────────┐
│          ＊受付番号票をはり付ける部分          │
└─────────────────────────────────────────┘


                 登　記　申　請　書


登記の目的　　所有権移転（注1）
原　　　因　　令和何年何月何日売買（注2）
権　利　者　　何市何町一丁目34番地
（被代位者）　　（住民票コード12345678901）
　　　　　　　　乙　　　　某（注3）
義　務　者　　何市何町三丁目50番地
　　　　　　　　丙　　　　某（注4）
代　位　者　　何市何町二丁目12番地
（申　請　人）　　甲　　　　某（注5）
代位原因　　令和何年何月何日売買の所有権移転登記請求権（注6）
添付書類
　　登記原因証明情報兼代位原因証書（注7）　　　住所証明書（注8）
　　会社法人等番号又は資格証明書（注9）　　代理権限証書（注10）
その他の事項
　　登記所での登記完了証の交付及び原本の還付を希望する（注11）

┌─────────────────────────────────────────┐
│又は                                        │
│　　登記完了証の交付及び原本の還付は送付の方法により交付を希望す  │
│る（注11）                                   │
│　　送付先：申請人又は代理人の住所又は事務所宛て（注12）        │
└─────────────────────────────────────────┘

令和何年何月何日申請（注13）　　何法務局何支局（出張所）（注14）
代　理　人　　何市何町何丁目何番地
　　　　　　　　何　　　　某㊞（注15）
　　　　　　　連絡先の電話番号○○－○○○○－○○○○（注16）
課税価格　　　金何円（注17）
登録免許税　　金何円（注18）
```

```
不動産の表示（注19）
　不動産番号　　　1234567890123（注20）
　所　　　在　　　何市何町何丁目 23 番地
　家 屋 番 号　　　23 番
　種　　　類　　　居宅
　構　　　造　　　木造かわらぶき 2 階建
　床 面 積　　　1 階　43.00 平方メートル
　　　　　　　　　2 階　21.34 平方メートル
```

（注1）　【書式14】の（注1）参照。

（注2）　登記原因及びその日付（令3条6号）として、所有権の移転の原
　　　　因及び日付が、判決の主文又は理由中において、明らかにされている
　　　　ときは、これを記載し、明らかにされていないときは、判決確定の日
　　　　及び判決の旨を記載する。

（注3）　被代位者として、買主の氏名又は名称及び住所を記載する（令3
　　　　条4号）。この記載は、（注7）の登記原因証明情報兼代位原因証書
　　　　（判決書の正本（確定証明書付））及び（注8）の住所証明書の表示と
　　　　合致していなければならない（法25条8号・9号）。

　　　　　なお、令和6年4月1日からは、申請情報として、所有権の移転の登
　　　　記をすることによって登記名義人となる者（被代位者）が法人であると
　　　　きは、改正法73条の2第1項1号に規定する特定の法人を識別するた
　　　　めに必要な事項として法務省令で定めるもの（法人識別事項）の提供を、
　　　　また、当該登記名義人となる者が国内に住所を有しないときは、改正法
　　　　73条の2第1項2号に規定する国内における連絡先に関する事項とし
　　　　て法務省令で定めるもの（国内連絡先事項）の提供を要する（改正令3
　　　　条11号ト(1)・(2)。法人識別事項及び国内連絡先事項に関する添付情報
　　　　については、法務省令（不動産登記規則）において定められる。）。

（注4）　代位登記を代位者（申請人）が単独で申請する場合であっても、
　　　　登記義務者（法60条）として、売主である所有者の氏名又は名称及び
　　　　住所を記載することとされている（昭和40・7・17民事甲第1890号民
　　　　事局長回答）。この記載は、登記記録の所有権の登記名義人の記録及び

（注 7）の登記原因証明情報兼代位原因証書（判決書の正本（確定証明書付））の表示と合致していなければならない（法 25 条 7 号・8 号）。

（注 5）　代位者（申請人）として、建物の所有権を取得した買主（債権者）の氏名又は名称及び住所を記載し、代位者が会社等の法人である場合には、その代表者の氏名をも記載する（令 3 条 1 号・2 号・4 号）。この記載は、**（注 7）**の代位原因証書（判決書の正本（確定証明書付））の表示と合致していなければならない（法 25 条 4 号・9 号）。なお、代位者の単独申請である旨を明らかにするために（申請人）と記載する。また、代位者が代理人を選任しないで自ら申請するときは、代位者の氏名（法人の場合は代表者の氏名）の次に押印する（令 16 条 1 項）。

（注 6）　【書式 11】の（注 6）参照。

（注 7）　登記原因証明情報（法 61 条）とは、登記原因となった事実又は法律行為及びこれに基づき現に権利変動が生じていることを証する情報であり、判決による所有権の移転の場合は、所有権の移転登記手続を命ずる判決書の正本（確定証明書付）（令 7 条 1 項 5 号ロ(1)）がこれに当たる。また、この判決は，原告（甲）が、債権者代位により、被告（丙）に対し債務者（乙）への所有権の移転の登記を請求することを認めているので、当該判決書の正本は、代位原因を証する情報を兼ねることができる。なお、判決による所有権の移転の登記を申請する場合には、登記義務者の登記識別情報（又は登記済証）の提供（又は提出）及び印鑑証明書の添付は要しない。

（注 8）　【書式 15】の（注 10）参照。

（注 9）　【書式 11】の（注 9）参照。

（注 10）　【書式 12】の（注 10）参照。

（注 11）から（注 16）　【書式 11】の（注 11）から（注 16）参照。

（注 17）　【書式 13】の（注 15）参照。

（注 18）　登録免許税額を記載する（規則 189 条 1 項）。この金額は、**（注 17）**に記載した課税価格に 1,000 分の 20 を乗じて計算した価額である（登免税法別表第 1・1・(2)ハ）。この金額に 100 円未満の端数があるときは、その端数を切り捨て（国税通則法 119 条 1 項）、その金額が 1,000 円に満たないときは、1,000 円とするものとされている（登免税

法 19 条）。

(注 19)　【書式 11】の（注 18）参照。

(注 20)　【書式 14】の（注 20）参照。

書式17　抵当権設定の場合

　金銭消費貸借上の債務の担保として、抵当権の設定契約が締結されたが、その登記が未了のまま、その抵当権が譲渡された場合、その債権譲受人は、抵当権者に代位して、抵当権設定者の協力を得て当該抵当権の設定の登記を申請することができる。

　代位による抵当権の設定の登記の申請情報としては、債権者（代位者である抵当権付債権の譲受人）及び債務者（被代位者である抵当権者）の氏名又は名称及び住所並びに代位原因を記載し（令3条1号・4号）、添付情報として、代位原因を証する情報の提供を要する（令7条1項3号）。そのほかの申請情報の内容及び添付情報については、通常の抵当権の設定の登記を申請する場合と同様である。

　この書式は、抵当権付債権の譲受人甲が、抵当権者乙に代位して、登記義務者丙（抵当権設定者）と共同して抵当権の設定の登記を申請する場合の記載例である。

　なお、代位申請における代位者は申請人ではあるが、当該登記をすることによって、自らが登記名義人となる者ではない。また、被代位者は当該登記をすることによって登記名義人となる者ではあるが、申請人ではない。したがって、代位者及び被代位者のいずれに対しても、登記識別情報は通知されない。

【登記申請書】

```
┌─────────────────────────────────────┐
┊     ＊受付番号票をはり付ける部分     ┊
└─────────────────────────────────────┘
```

登 記 申 請 書

登記の目的　　抵当権設定（注1）

原　　　因　　令和何年何月何日金銭消費貸借同日設定（注2）

債 権 額　　金何万円（注3）

利　　　息　　年何％（ただし、月割計算。月末満の期間については年
　　　　　　　　　　365日の日割計算）（注4）

損 害 金　　年何％（年365日の日割計算）（注5）

債 務 者　　何市何町三丁目50番地
　　　　　　　　　　丙　　　　　某（注6）

抵 当 権 者　　何市何町一丁目34番地

（被代位者）　　　　乙　　　　　某（注7）

設 定 者　　何市何町三丁目50番地
　　　　　　　　　　丙　　　　　某（注8）

代 位 者　　何市何町二丁目12番地
　　　　　　　　　　甲　　　　　某（注9）

代 位 原 因　　令和何年何月何日債権譲渡の抵当権移転登記請求権（注10）

添 付 書 類
　　　登記原因証明情報（注11）　　登記識別情報又は登記済証（注12）
　　　印鑑証明書（注13）　　代位原因証書（注14）
　　　会社法人等番号又は資格証明書（注15）　　代理権限証書（注16）
登記識別情報又は登記済証を提供（又は提出）することができない理由（注17）
　　□不通知　　　□失効　　　□失念　　　□管理支障　　　□取引円滑障害
　　□その他（　　　　　　　　　　　）
その他の事項
　　登記所での登記完了証の交付及び原本の還付を希望する（注18）

又は

　登記完了証の交付及び原本の還付は送付の方法により交付を希望する（**注18**）

　送付先：申請人又は代理人の住所又は事務所宛て（**注19**）

令和何年何月何日申請（**注20**）　　何法務局何支局（出張所）（**注21**）

代　理　人　　何市何町何丁目何番地

　　　　　　　　　　　何　　　　　某㊞（**注22**）

　　　　　　　　連絡先の電話番号○○－○○○○－○○○○（**注23**）

課 税 価 格　　金何万円（**注24**）

登録免許税　　金何円（**注25**）

不動産の表示（**注26**）

　不動産番号　　1234567890123（**注27**）

　所　　　在　　何市何町何丁目23番地

　家 屋 番 号　　23番

　種　　　類　　居宅

　構　　　造　　木造かわらぶき2階建

　床 面 積　　1階　43.00平方メートル

　　　　　　　　2階　21.34平方メートル

（**注1**）　登記の目的（令3条5号）は、「抵当権設定」と記載する。

（**注2**）　登記原因及びその日付（令3条6号）として、抵当権の被担保債権の発生原因である債権契約とその日付及び抵当権の設定契約の成立年月日並びに設定の旨を記載する。

（**注3**）　債権額として、被担保債権の元本額を記載する（令別表55項申請情報欄イ、法83条1項1号）。

（**注4**）　利息として、設定契約において、利息に関する定めがあるときは、その定めを記載する（令別表55項申請情報欄ロ、法88条1項1号）。無利息と定めたときは、「無利息」と記載する。なお、利息制限法の制限利息を超過する利息の定めは、登記することができない。

（**注5**）　損害金として、設定契約において、遅延損害金（民法375条2項に規定する損害の賠償額）の定めがあるときは、その定めを記載する

（令別表 55 項申請情報欄ロ、法 88 条 1 項 2 号）。

（注 6）　債務者の氏名又は名称及び住所を記載する（令別表 55 項申請情報欄イ、法 83 条 1 項 2 号）。

（注 7）　被代位者として、抵当権者の氏名又は名称及び住所を記載する（令 3 条 4 号）。この記載は、**（注 11）** の登記原因証明情報の表示と合致していなければならない（法 25 条 8 号）。

（注 8）　登記義務者（法 60 条）として、抵当権設定者（土地・建物の所有者）の氏名又は名称及び住所を記載し、登記義務者が会社等の法人である場合には、その代表者の氏名をも記載する（令 3 条 1 号・2 号）。この記載は、登記記録の所有権の登記名義人の記録及び **（注 11）** の登記原因証明情報（抵当権設定契約証書等）の表示と合致していなければならない（法 25 条 7 号・8 号）。登記義務者が代理人を選任しないで自ら申請するときは、登記義務者の氏名（法人の場合は代表者の氏名）の次に押印（**（注 13）** の印鑑証明書と同一のもの）する（令 16 条 1 項）。

（注 9）　代位者（申請人）として、債権者である抵当権付債権の譲受人の氏名又は名称及び住所を記載し、代位者が会社等の法人である場合には、その代表者の氏名をも記載する（令 3 条 1 号・2 号・4 号）。この記載は、**（注 14）** の代位原因証書の表示と合致していなければならない（法 25 条 4 号・9 号）。なお、代位者が代理人を選任しないで自ら申請するときは、代位者の氏名（法人の場合は代表者の氏名）の次に押印する（令 16 条 1 項）。

（注 10）　代位原因として、代位登記が認められるための要件となる法律関係又は事実関係を表示する。抵当権移転登記請求権を保全するために代位して申請する場合は、債権譲渡契約日をもって「何年何月何日債権譲渡の抵当権移転登記請求権」と記載する（法 59 条 7 号、令 3 条 4 号）。

（注 11）　登記原因証明情報（法 61 条）とは、登記原因となった事実又は法律行為及びこれに基づき現に権利変動が生じていることを証する情報であり、抵当権の設定の場合は、契約の内容（当事者、対象物件が明らかであり、登記原因の発生についての当事者の意思の合致ないし当該権利変動の内容等が明らかにされたもの）を記載した抵当権設定

契約証書等がこれに当たる。なお、契約証書を作成しなかった場合には、当事者において契約の内容を記載した書面を作成して提供する（令別表55項添付情報欄）。

(注12)・(注13)　【書式15】の（注8）・（注9）参照。

(注14)　代位原因を証する情報として、抵当権譲渡証書等の登記官が当事者間に債権の存在することを確認することができる情報（抵当権移転登記請求権の発生を証するもの）を提供する（令7条1項3号）。

(注15) から (注17)　【書式15】の（注12）から（注14）参照。

(注18) から (注21)　【書式11】の（注11）から（注14）参照。

(注22)　代位者又は登記義務者が代理人によって登記を申請するときは、その代理人の氏名又は名称及び住所並びに代理人が法人の場合は代表者の氏名を記載し（令3条3号）、記名押印する（令16条1項）。ただし、代理人が申請書に署名したときは、記名押印を要しない（規則47条1号）。この記載は、（注16）の代理権限を証する情報（委任状）の受任者の記載と合致していなければならない（法25条4号）。

(注23)　【書式11】の（注16）参照。

(注24)　登録免許税の課税標準の金額として、債権額を記載する（規則189条1項、登免税法9条）。この金額に1,000円未満の端数があるときは、その端数は切り捨てる（国税通則法118条1項）。

(注25)　登録免許税額を記載する（規則189条1項）。この金額は、（注24）に記載した課税価格に1,000分の4を乗じて計算した価額である（登免税法別表第1・1・(5)）。この金額に100円未満の端数があるときは、その端数を切り捨て（国税通則法119条1項）、その金額が1,000円に満たないときは、1,000円とするものとされている（登免税法19条）。

(注26)　【書式11】の（注18）参照。

(注27)　不動産を識別するための番号（不動産番号。法27条4号、規則90条）を記載したときは、（注26）の土地の所在、地番、地目及び地積、建物の所在、家屋番号、種類、構造及び床面積等の記載を省略することができる（令6条1項1号・2号）。

〔別記様式〕

委　任　状

何市何町何丁目何番地
何　　　某

　私たちは、上記の者を代理人と定め、下記登記申請に関する一切の権限を委任します。

記

1　不動産の表示　　　後記のとおり
2　登記の目的　　　　抵当権設定
3　原　　　因　　　　令和何年何月何日金銭消費貸借同日設定
4　債　権　額　　　　金何万円
5　利　　　息　　　　年何％（ただし、月割計算。月未満の期間は年 365 日の日割計算）
6　損　害　金　　　　年何％（年 365 日の日割計算）
7　債　務　者　　　　何市何町三丁目 50 番地　　丙　　　　某
8　抵当権者　　　　　何市何町一丁目 34 番地　　乙　　　　某
9　代位原因　　　　　令和何年何月何日債権譲渡の抵当権移転登記請求権

　　令和何年何月何日

　　　　　　　　被代位者
　　　　　　　　抵当権者　何市何町一丁目 34 番地
　　　　　　　　　　　　　　　　　　乙　　　　某
　　　　　　　　代位者　　何市何町二丁目 12 番地
　　　　　　　　　　　　　　　　　　甲　　　　某　㊞
　　　　　　　　設定者　　何市何町三丁目 50 番地
　　　　　　　　　　　　　　　　　　丙　　　　某　㊞

> 不動産の表示
> 　　何市何町何丁目 23 番地
> 　　家屋番号 23 番の建物

(**注**)　丙某は、印鑑証明書の印と同一の印を押印する。

書式18　抵当権移転の場合

　抵当権付債権の全部が譲渡され、抵当権がこれに随伴して債権の譲受人に帰属したが、その移転の登記が未了のまま、当該移転した抵当権が他の債権の担保（転抵当。民法376条1項）とされた場合に、抵当権の譲受人が当該抵当権の移転の登記をしないときは、転抵当権者は、債権の譲受人に代位して、抵当権の譲渡人（抵当権者）の協力を得て、当該抵当権の移転の登記を申請することができる。

　代位による抵当権の移転の登記の申請情報としては、債権者（代位者である転抵当権者）及び債務者（被代位者である抵当権付債権の譲受人）の氏名又は名称及び住所並びに代位原因を記載し（令3条1号・4号）、添付情報として、代位原因を証する情報の提供を要する（令7条1項3号）。そのほかの申請情報の内容及び添付情報については、通常の抵当権の移転の登記を申請する場合と同様である。

　この書式は、転抵当権者甲が、債権の譲受人乙に代位して、登記義務者（抵当権者）丙と共同して抵当権の移転の登記を申請する場合の記載例である。

　なお、代位申請における代位者は申請人ではあるが、当該登記をすることによって、自らが登記名義人となる者ではない。また、被代位者は当該登記をすることによって登記名義人となる者ではあるが、申請人ではない。したがって、代位者及び被代位者のいずれに対しても、登記識別情報は通知されない。

【登記申請書】

```
┌─────────────────────────────────────┐
│        ＊受付番号票をはり付ける部分        │
└─────────────────────────────────────┘
```

登　記　申　請　書

登記の目的　　何番抵当権移転（**注1**）

原　　　因　　令和何年何月何日債権譲渡（**注2**）

権　利　者　　何市何町一丁目 34 番地

（被代位者）　　　　　乙　　　某（**注3**）

義　務　者　　何市何町三丁目 50 番地

　　　　　　　　　　　丙　　　某（**注4**）

代　位　者　　何市何町二丁目 12 番地

　　　　　　　　　　　甲　　　某（**注5**）

代 位 原 因　　令和何年何月何日設定の転抵当登記請求権（**注6**）

添 付 書 類

　　登記原因証明情報（**注7**）　　登記識別情報又は登記済証（**注8**）

　　代位原因証書（**注9**）　　会社法人等番号又は資格証明書（**注10**）

　　代理権限証書（**注11**）

登記識別情報又は登記済証を提供（又は提出）することができない理由（**注12**）

□不通知　　　□失効　　　□失念　　　□管理支障　　　□取引円滑障害

□その他（　　　　　　　　　　）

その他の事項

　　登記所での登記完了証の交付及び原本の還付を希望する（**注13**）

```
┌─────────────────────────────────────┐
│ 又は                                    │
│   登記完了証の交付及び原本の還付は送付の方法により交付を希望す │
│ る（注13）                               │
│     送付先：申請人又は代理人の住所又は事務所宛て（注14）     │
└─────────────────────────────────────┘
```

令和何年何月何日申請（**注15**）　　何法務局何支局（出張所）（**注16**）

代　理　人　　何市何町何丁目何番地

　　　　　　　　　　　何　　　某㊞（**注17**）

```
　　　　　　連絡先の電話番号○○−○○○○−○○○○（注18）
課 税 価 格　　金何万円（注19）
登録免許税　　金何円（注20）
不動産の表示（注21）
　不動産番号　　1234567890123（注22）
　所　　　在　　何市何町何丁目23番地
　家 屋 番 号　　23番
　種　　　類　　居宅
　構　　　造　　木造かわらぶき2階建
　床 面 積　　　1階　43.00平方メートル
　　　　　　　　2階　21.34平方メートル
```

（**注1**）　登記の目的（令3条5号）は、移転する抵当権の登記を順位番号
　　で特定して、「何番抵当権移転」と記載する。

（**注2**）　登記原因及びその日付（令3条6号）として、抵当権移転の原因
　　である被担保債権の全部についての抵当権付債権譲渡契約の成立年月
　　日及び債権譲渡の旨を記載する。

（**注3**）　被代位者として、登記権利者である債権譲渡により抵当権を取得
　　した者（抵当権付債権の譲受人）の氏名又は名称及び住所を記載する
　　（令3条4号）。この記載は、（**注7**）の登記原因証明情報（抵当権付債
　　権譲渡契約証書等）の表示と合致していなければならない（法25条8
　　号）。

（**注4**）　登記義務者（法60条）として、抵当権付債権の譲渡人である抵当
　　権の登記名義人（抵当権者）の氏名又は名称及び住所を記載し、登記
　　義務者が会社等の法人である場合には、その代表者の氏名をも記載す
　　る（令3条1号・2号）。この記載は、登記記録の抵当権の登記名義人
　　の記録及び（**注7**）の登記原因証明情報（抵当権付債権譲渡契約証書
　　等）の表示と合致していなければならない（法25条7号・8号）。登
　　記義務者が代理人を選任しないで自ら申請するときは、登記義務者の
　　氏名（法人の場合は代表者の氏名）の次に押印する（令16条1項）。

（**注5**）　代位者（申請人）として、債権者である転抵当権者の氏名又は名

称及び住所を記載し、代位者が会社等の法人である場合には、その代表者の氏名をも記載する（令 3 条 1 号・2 号・4 号）。この記載は、（注9）の代位原因証書の表示と合致していなければならない（法 25 条 4 号・9 号）。なお、代位者が代理人を選任しないで自ら申請するときは、代位者の氏名（法人の場合は代表者の氏名）の次に押印する（令 16 条 1 項）。

（注6）　代位原因として、代位登記が認められるための要件となる法律関係又は事実関係を表示する。転抵当権設定登記請求権を保全するために代位して申請する場合は、転抵当権の設定契約日をもって「何年何月何日設定の転抵当登記請求権」と記載する（法 59 条 7 号、令 3 条 4 号）。

（注7）　登記原因証明情報（法 61 条）とは、登記原因となった事実又は法律行為及びこれに基づき現に権利変動が生じていることを証する情報であり、抵当権の移転の場合は、債権譲渡の内容（当事者、対象物件が明らかであり、登記原因の発生についての当事者の意思の合致ないし当該権利変動の内容等が明らかにされたもの）を記載した抵当権付債権譲渡契約証書等がこれに当たる。なお、契約証書を作成しなかった場合には、当事者において契約の内容を記載した書面を作成して提供する（令別表 57 項添付情報欄）。

（注8）　登記義務者が、当該不動産について抵当権の設定又は移転の登記をしたときに、登記所から通知された登記識別情報（法 22 条）を提供する。登記識別情報の提供方法は、登記識別情報を記載した書面を封筒に入れ、この封筒に登記義務者の氏名又は名称及び登記の目的を記載し、登記識別情報を記載した書面が在中する旨を明記する（規則 66 条 1 項 2 号・2 項・3 項）。平成 16 年法律第 123 号による不動産登記法施行前に抵当権の設定又は移転の登記を受けた登記義務者が最初に当該登記所に申請する場合には、従来の登記済証を提出することになる（法 22 条、同附則 7 条）。

　なお、この場合において、登記識別情報又は登記済証を提供又は提出することができないときは、登記官は登記義務者に対して、当該申請があった旨、及び当該申請の内容が真実であれば 2 週間以内にその

旨の申出をすべき旨を通知することになる（法23条1項、規則70条8項）。ただし、登記官が資格者代理人から登記義務者であることを確認するために必要な情報の提供を受け、かつ、その内容を相当と認めたとき（法23条4項1号、規則72条）、又は公証人から登記義務者であることを確認するために必要な認証がされ、かつ、登記官がその内容を相当と認めたときは（法23条4項2号）、登記義務者への通知は要しない（法23条4項柱書）。

（注9）　代位原因を証する情報として、転抵当権設定契約書等の登記官が当事者間に債権の存在することを確認することができる情報（転抵当登記請求権の発生を証するもの）を提供する（令7条1項3号）。

（注10）　【書式15】の（注12）参照。

（注11）　代位者及び登記義務者が代理人によって登記を申請するときは、その代理権限を証する情報（委任状）を提供する（令7条1項2号）。この情報が書面であって登記官その他の公務員が職務上作成したものであるときは、作成後3か月以内のものでなければならない（令17条1項）。ただし、申請人が会社法人等番号を有する法人であって、支配人等が当該法人を代理して登記を申請する場合は、当該代理人の代理権限を証する情報の提供を要しない（規則36条3項）。

　　なお、法人（司法書士法人、弁護士法人）である代理人によって登記の申請をする場合において、当該代理人の会社法人等番号を提供したときは、当該会社法人等番号の提供をもって、当該代理人の資格を証する情報の提供に代えることができる（規則37条の2）。

（注12）　【書式15】の（注14）参照。

（注13）から（注16）　【書式11】の（注11）から（注14）参照。

（注17）　代位者又は登記義務者が代理人によって登記を申請するときは、その代理人の氏名又は名称及び住所並びに代理人が法人の場合は代表者の氏名を記載し（令3条3号）、記名押印する（令16条1項）。ただし、代理人が申請書に署名したときは、記名押印を要しない（規則47条1号）。この記載は、（注11）の代理権限を証する情報（委任状）の受任者の記載と合致していなければならない（法25条4号）。

（注18）　【書式11】の（注16）参照。

(**注 19**)　登録免許税の課税標準の金額として、譲渡に係る債権額を記載する（規則 189 条 1 項、登免税法 9 条）。この金額に 1,000 円未満の端数があるときは、その端数は切り捨てる（国税通則法 118 条 1 項）。

(**注 20**)　登録免許税額を記載する（規則 189 条 1 項）。この金額は、(**注 19**) に記載した課税価格に 1,000 分の 2 を乗じて計算した価額である（登免税法別表第 1・1・(6)ロ）。この金額に 100 円未満の端数があるときは、その端数を切り捨て（国税通則法 119 条 1 項）、その金額が 1,000 円に満たないときは、1,000 円とするものとされている（登免税法 19 条）。

(**注 21**)　【書式 11】の（**注 18**）参照。

(**注 22**)　不動産を識別するための番号（不動産番号。法 27 条 4 号、規則 90 条）を記載したときは、(**注 21**) の土地の所在、地番、地目及び地積、建物の所在、家屋番号、種類、構造及び床面積等の記載を省略することができる（令 6 条 1 項 1 号・2 号）。

第5　権利変更の代位登記

書式 19　約定利息の利率引上げによる抵当権変更の場合

　抵当権の登記事項のうち、利息の利率を引き上げる変更契約が成立している抵当権の被担保債権を譲り受けた者は、利率引上げ後の抵当権を取得することになる。この場合、債権の譲渡人が抵当権の変更の登記を申請しないときは、債権の譲受人が、譲渡人に代位して、抵当権設定者（所有権の登記名義人）の協力を得て、当該抵当権の変更の登記を申請することができる。

　代位による抵当権の変更の登記の申請情報としては、債権者（代位者である抵当権付債権の譲受人）及び債務者（被代位者である抵当権付債権の譲渡人。抵当権者）の氏名又は名称及び住所並びに代位原因を記載し（令3条1号・4号）、添付情報として、代位原因を証する情報の提供を要する（令7条1項3号）。そのほかの申請情報の内容及び添付情報については、通常の抵当権の変更の登記を申請する場合と同様である。

　この書式は、約定利息の利率引上げによる抵当権の変更の登記を、債権の譲受人甲が、譲渡人乙に代位して、登記義務者（抵当権設定者）丙と共同して申請する場合の記載例である。

【登記申請書】

＊受付番号票をはり付ける部分

登 記 申 請 書

登記の目的　　何番抵当権変更（**注1**）

原　　　因　　令和何年何月何日変更（**注2**）

変更後の事項　利息　年何％（ただし、月割計算。月未満の期間について
　　　　　　　は年365日の日割計算）（**注3**）

権　利　者　　何市何町一丁目34番地
（被代位者）　　　　乙　　某（**注4**）

義　務　者　　何市何町三丁目50番地
　　　　　　　　　　丙　　某（**注5**）

代　位　者　　何市何町二丁目12番地
　　　　　　　　　　甲　　某（**注6**）

代位原因　　　令和何年何月何日債権譲渡の抵当権移転登記請求権（**注7**）

添付書類
　　登記原因証明情報（**注8**）　　登記識別情報又は登記済証（**注9**）
　　印鑑証明書（**注10**）　　代位原因証書（**注11**）　　承諾書（**注12**）
　　会社法人等番号又は資格証明書（**注13**）　　代理権限証書（**注14**）

登記識別情報（登記済証）を提供（又は提出）することができない理由（**注15**）

□不通知　　□失効　　□失念　　□管理支障　　□取引円滑障害
□その他（　　　　　　　　　　　）

その他の事項
　　登記所での登記完了証の交付及び原本の還付を希望する（**注16**）

又は
　　登記完了証の交付及び原本の還付は送付の方法により交付を希望す
る（**注16**）
　　送付先：申請人又は代理人の住所又は事務所宛て（**注17**）

令和何年何月何日申請（**注18**）　　何法務局何支局（出張所）（**注19**）

代　理　人　　何市何町何丁目何番地

　　　　　　　　　　　　何　　　　　某㊞（**注 20**）

　　　　　　　　　連絡先の電話番号○○−○○○○−○○○○（**注 21**）

登録免許税　　金 1,000 円（**注 22**）

不動産の表示（**注 23**）

　不動産番号　　1234567890123（**注 24**）

　所　　在　　何市何町何丁目 23 番地

　家 屋 番 号　　23 番

　種　　類　　居宅

　構　　造　　木造スレートぶき平屋建

　床 面 積　　21.34 平方メートル

（**注 1**）　登記の目的（令 3 条 5 号）は、変更する抵当権の登記を順位番号で特定して、「何番抵当権変更」と記載する。

（**注 2**）　登記原因及びその日付（令 3 条 6 号）として、抵当権の変更の原因である約定利息の変更についての変更契約成立の年月日及び変更の旨を記載する。

（**注 3**）　変更後の事項として、変更後の利息を記載する（令別表 25 項申請情報欄、改正令別表 25 項申請情報欄イ（令和 6 年 4 月 1 日施行））。

（**注 4**）　被代位者として、登記権利者である抵当権の登記名義人（被担保債権の譲渡人である抵当権者）の氏名又は名称及び住所を記載する（令 3 条 4 号）。この記載は、登記記録の抵当権の登記名義人の記録及び（**注 8**）の登記原因証明情報（抵当権変更契約証書等）の表示と合致していなければならない（法 25 条 8 号）。

（**注 5**）　登記義務者（法 60 条）として、抵当権設定者（土地・建物の所有者）の氏名又は名称及び住所を記載し、登記義務者が会社等の法人である場合には、その代表者の氏名をも記載する（令 3 条 1 号・2 号）。この記載は、登記記録の所有権の登記名義人の記録及び（**注 8**）の登記原因証明情報（抵当権変更契約証書等）の表示と合致していなければならない（法 25 条 7 号・8 号）。登記義務者が代理人を選任しないで自ら申請するときは、登記義務者の氏名（法人の場合は代表者の氏

名）の次に押印（（注 10）の印鑑証明書と同一のもの）する（令 16 条
1 項）。

(注 6)　代位者（申請人）として、債権者である抵当権付債権の譲受人の
氏名又は名称及び住所を記載し、代位者が会社等の法人である場合に
は、その代表者の氏名をも記載する（令 3 条 1 号・2 号・4 号）。この
記載は、（注 11）の代位原因証書の表示と合致していなければならな
い（法 25 条 4 号・9 号）。なお、代位者が代理人を選任しないで自ら
申請するときは、代位者の氏名（法人の場合は代表者の氏名）の次に
押印する（令 16 条 1 項）。

(注 7)　【書式 17】の（注 10）参照。

(注 8)　登記原因証明情報（法 61 条）とは、登記原因となった事実又は法
律行為及びこれに基づき現に権利変動が生じていることを証する情報
であり、抵当権の変更の場合は、契約の内容（当事者、対象物件が明
らかであり、登記原因の発生についての当事者の意思の合致ないし当
該権利変動の内容等が明らかにされたもの）を記載した抵当権変更契
約証書等がこれに当たる（令別表 25 項添付情報欄イ）。なお、契約証
書を作成しなかった場合には、当事者において契約の内容を記載した
書面を作成して提供する。

(注 9)・(注 10)　【書式 15】の（注 8）・（注 9）参照。

(注 11)　【書式 17】の（注 14）参照。

(注 12)　抵当権の利率の引上げを付記登記によって行う場合において、後
順位の抵当権者等の利害関係を有する第三者がいるときは、当該第三
者の承諾を証する情報又は当該第三者に対抗することができる裁判が
あったことを証する情報を提供する（法 66 条、令 7 条 1 項 5 号ハ・令
別表 25 項添付情報欄ロ）。承諾を証する情報を記載した書面には、作
成者が記名押印し（令 19 条 1 項）、記名押印した者の印鑑証明書を添
付しなければならない（同条 2 項）。この印鑑証明書の有効期限はない。
なお、承諾者が会社等の法人であるときは、会社法人等番号又は代表
者の資格を証する情報をも提供する。

(注 13) から (注 15)　【書式 15】の（注 12）から（注 14）参照。

(注 16) から (注 19)　【書式 11】の（注 11）から（注 14）参照。

（**注20**）　代位者又は登記義務者が代理人によって登記を申請するときは、
その代理人の氏名又は名称及び住所並びに代理人が法人の場合は代表
者の氏名を記載し（令 3 条 3 号）、記名押印する（令 16 条 1 項）。ただ
し、代理人が申請書に署名したときは、記名押印を要しない（規則 47
条 1 号）。この記載は、（**注14**）の代理権限を証する情報（委任状）の
受任者の記載と合致していなければならない（法 25 条 4 号）。

（**注21**）から（**注23**）【書式 11】の（**注16**）から（**注18**）参照。

（**注24**）【書式 15】の（**注24**）参照。

書式 19（抵当権変更）

〔別記様式〕

委　任　状

何市何町何丁目何番地

何　　　某

　私たちは、上記の者を代理人と定め、下記登記申請に関する一切の権限を委任します。

記

1　不動産の表示　　後記のとおり
2　登記の目的　　何番抵当権変更
3　原　　　因　　令和何年何月何日変更
4　変更後の事項　　利息　年何％（ただし、月割計算。月未満の期間については年365日の日割計算）
5　代 位 原 因　　令和何年何月何日債権譲渡の抵当権移転登記請求権

　令和何年何月何日

　　　　　　　被代位者
　　　　　　　権利者　　何市何町一丁目34番地
　　　　　　　　　　　　　　　　乙　　　某
　　　　　　　代位者　　何市何町二丁目12番地
　　　　　　　　　　　　　　　　甲　　　某　㊞
　　　　　　　義務者　　何市何町三丁目50番地
　　　　　　　　　　　　　　　　丙　　　某　㊞

不動産の表示
　　何市何町何丁目23番地
　　家屋番号23番の建物

（注）　丙某は、印鑑証明書の印と同一の印を押印する。

書式 20　地上権の目的の変更による地上権変更の場合

　目的が変更されている地上権を売買によって取得した者は、地上権の売主が地上権の変更の登記を申請しないときは、地上権の移転の登記をする前提として、地上権の売主に代位して、当該地上権の変更の登記を地上権設定者（所有権の登記名義人）の協力を得て、申請することができる。

　代位による地上権の変更の登記の申請情報としては、債権者（代位者である地上権の買主）及び債務者（被代位者である地上権の売主）の氏名又は名称及び住所並びに代位原因を記載し（令3条1号・4号）、添付情報として、代位原因を証する情報の提供を要する（令7条1項3号）。そのほかの申請情報の内容及び添付情報については、通常の地上権の変更の登記を申請する場合と同様である。

　この書式は、地上権設定の目的が変更されている地上権の変更の登記を、地上権の買主甲が、売主乙に代位して、登記義務者（地上権設定者）丙と共同して申請する場合の記載例である。

【登記申請書】

```
┌─────────────────────────────────────┐
│        ＊受付番号票をはり付ける部分        │
└─────────────────────────────────────┘
```

登　記　申　請　書

登記の目的　　何番地上権変更（**注1**）

原　　　因　　令和何年何月何日変更（**注2**）

変更後の事項　　目　的　　建物所有（**注3**）

権　利　者　　何市何町一丁目34番地

（被代位者）　　　　乙　　　　某（**注4**）

義　務　者　　何市何町三丁目50番地

　　　　　　　　　丙　　　　某（**注5**）

代　位　者　　何市何町二丁目12番地

　　　　　　　　　甲　　　　某（**注6**）

代位原因　　　令和何年何月何日売買の地上権移転登記請求権（**注7**）

添付書類

　　登記原因証明情報（**注8**）　　登記識別情報又は登記済証（**注9**）

　　印鑑証明書（**注10**）　　代位原因証書（**注11**）

　　会社法人等番号又は資格証明書（**注12**）　　代理権限証書（**注13**）

登記識別情報（登記済証）を提供（又は提出）することができない理由（**注14**）

　□不通知　　□失効　　□失念　　□管理支障　　□取引円滑障害

　□その他（　　　　　　　　　　）

その他の事項

　　登記所での登記完了証の交付及び原本の還付を希望する（**注15**）

```
┌─────────────────────────────────────┐
│ 又は                                  │
│    登記完了証の交付及び原本の還付は送付の方法により交付を希望す │
│ る（注15）                             │
│    送付先：申請人又は代理人の住所又は事務所宛て（注16）   │
└─────────────────────────────────────┘
```

令和何年何月何日申請（**注17**）　　何法務局何支局（出張所）（**注18**）

代　理　人　　何市何町何丁目何番地

何　　　　某㊞（**注19**）

連絡先の電話番号○○－○○○○－○○○○（**注20**）

登録免許税　　金1,000円（**注21**）

不動産の表示（**注22**）

　　不動産番号　　1234567890123（**注23**）

　　所　　　在　　何市何町何丁目

　　地　　　番　　123番4

　　地　　　目　　宅地

　　地　　　積　　567.89平方メートル

（**注1**）　登記の目的（令3条5号）は、変更する地上権の登記を順位番号で特定して、「何番地上権変更」と記載する。

（**注2**）　登記原因及びその日付（令3条6号）として、地上権の目的の変更についての変更契約成立年月日及び変更の旨を記載する。

（**注3**）　変更後の事項として、変更後の目的を記載する（令別表25項申請情報欄、改正令別表25項申請情報欄イ（令和6年4月1日施行））。

（**注4**）　被代位者として、登記権利者である地上権の登記名義人（地上権の売主）の氏名又は名称及び住所を記載する（令3条4号）。この記載は、登記記録の地上権の登記名義人の記録及び（**注8**）の登記原因証明情報（地上権変更契約証書等）の表示と合致していなければならない（法25条8号）。

（**注5**）　登記義務者（法60条）として、地上権設定者（土地の所有者）の氏名又は名称及び住所を記載し、登記義務者が会社等の法人である場合には、その代表者の氏名をも記載する（令3条1号・2号）。この記載は、登記記録の所有権の登記名義人の記録及び（**注8**）の登記原因証明情報（地上権変更契約証書等）の表示と合致していなければならない（法25条7号・8号）。登記義務者が代理人を選任しないで自ら申請するときは、登記義務者の氏名（法人の場合は代表者の氏名）の次に押印（（**注10**）の印鑑証明書と同一のもの）する（令16条1項）。

（**注6**）　代位者（申請人）として、債権者である地上権の買主の氏名又は名称及び住所を記載し、代位者が会社等の法人である場合には、その

代表者の氏名をも記載する（令 3 条 1 号・2 号・4 号）。この記載は、
（**注 11**）の代位原因証書の表示と合致していなければならない（法 25
条 4 号・9 号）。なお、代位者が代理人を選任しないで自ら申請すると
きは、代位者の氏名（法人の場合は代表者の氏名）の次に押印する
（令 16 条 1 項）。

（**注 7**）　代位原因として、代位登記が認められるための要件となる法律関
係又は事実関係を表示する。地上権移転登記請求権を保全するために
代位して申請する場合は、売買契約日をもって「何年何月何日売買の
地上権移転登記請求権」と記載する（法 59 条 7 号、令 3 条 4 号）。

（**注 8**）　登記原因証明情報（法 61 条）とは、登記原因となった事実又は法
律行為及びこれに基づき現に権利変動が生じていることを証する情報
であり、地上権の変更の場合は、契約の内容（当事者、対象物件が明
らかであり、登記原因の発生についての当事者の意思の合致ないし当
該権利変動の内容等が明らかにされたもの）を記載した地上権変更契
約証書等がこれに当たる。なお、契約証書を作成しなかった場合には、
当事者において契約の内容を記載した書面を作成して提供する（令別
表 25 項添付情報欄イ）。

（**注 9**）・（**注 10**）　【書式 15】の（**注 8**）・（**注 9**）参照。

（**注 11**）　代位原因を証する情報として、地上権売買契約書等の登記官が当
事者間に債権の存在することを確認することができる情報を提供する
（令 7 条 1 項 3 号）。

（**注 12**）　【書式 15】の（**注 12**）参照。

（**注 13**）　【書式 18】の（**注 11**）参照。

（**注 14**）　【書式 15】の（**注 14**）参照。

（**注 15**）から（**注 18**）　【書式 11】の（**注 11**）から（**注 14**）参照。

（**注 19**）　【書式 15】の（**注 19**）参照。

（**注 20**）・（**注 21**）　【書式 11】の（**注 16**）・（**注 17**）参照。

（**注 22**）　不動産の表示として、当該土地の所在する市、区、郡、町、村及
び字、地番、地目及び地積を記載する（令 3 条 7 号）。これらの記載は、
登記記録の記録と合致していなければならない（法 25 条 6 号）。

（**注 23**）　不動産を識別するための番号（不動産番号。法 27 条 4 号、規則

90 条）を記載したときは、（**注** 22）の土地の所在、地番、地目及び地積の記載を省略することができる（令 6 条 1 項 1 号）。

第 6　抹消の代位登記

書式 21　所有権の移転の登記の抹消の場合

　A 建物の所有者である乙と買主甲は、当該 A 建物について売買契約を締結したが、当該 A 建物には、既に、丙を登記名義人とする乙から丙への所有権の移転の登記がされていた。しかし、乙から丙への所有権の移転の登記は、本来、乙所有の B 建物についてされるべきものであった。そこで、A 建物を買い受けた甲が、自己名義に所有権の移転の登記をするためには、その前提として、誤ってされている乙から丙への所有権の移転の登記を抹消しなければならない。そのため、A 建物の所有者である乙が当該抹消の登記を申請しないときは、甲は、乙に代位して、誤ってされている登記の登記名義人丙の協力を得て、当該抹消の登記を申請することができる。

　代位による所有権抹消の登記の申請情報としては、債権者（買主）及び債務者（売主）の氏名又は名称及び住所並びに代位原因を記載し（令 3 条 1 号・4 号）、添付情報として、代位原因を証する情報の提供を要する（令 7 条 1 項 3 号）。そのほかの申請情報の内容及び添付情報については、通常の所有権抹消の登記を申請する場合と同様である。

　この書式は、当該建物の所有者である乙から当該建物を買い受けた甲が、当該建物について誤ってされた乙から丙への所有権の移転の登記の抹消登記を、売主である乙に代位して、登記義務者丙と共同して申請する場合の記載例である。

　なお、平成 29 年法律第 44 号による民法の一部改正により、意思表示に錯誤がある場合の効果が、無効から取消しに改正されたため（民 95 条 1 項）、従前、錯誤無効による抹消の登記の登記原因は「錯誤」とするのが登記実務の取扱いであったが、同改正後の登記原因は「年月日取消」とするものとされている（令和 2・3・31 民二第 328 号民事局長通達第 2 の 1）。

【登記申請書】

```
┌─────────────────────────────────────┐
│         ＊受付番号票をはり付ける部分          │
└─────────────────────────────────────┘
```

登 記 申 請 書

登記の目的　　何番所有権抹消（**注1**）

原　　　因　　令和何年何月何日取消（**注2**）

権　利　者　　何市何町一丁目34番地

（被代位者）　　　　乙　　　某（**注3**）

義　務　者　　何市何町三丁目50番地

　　　　　　　　　　丙　　　某（**注4**）

代　位　者　　何市何町二丁目12番地

　　　　　　　　　　甲　　　某（**注5**）

代位原因　　　令和何年何月何日売買の所有権移転登記請求権（**注6**）

添 付 書 類

　　登記原因証明情報（**注7**）　　登記識別情報又は登記済証（**注8**）

　　印鑑証明書（**注9**）　　承諾書（**注10**）　　代位原因証書（**注11**）

　　会社法人等番号又は資格証明書（**注12**）　　代理権限証書（**注13**）

登記識別情報（登記済証）を提供（又は提出）することができない理由（**注14**）

　　□不通知　　□失効　　□失念　　□管理支障　　□取引円滑障害

　　□その他（　　　　　　　　　）

その他の事項

　　登記所での登記完了証の交付及び原本の還付を希望する（**注15**）

┌─────────────────────────────────────┐
│　又は   │
│　　　登記完了証の交付及び原本の還付は送付の方法により交付を希望す│
│　る（**注15**）   │
│　　　送付先：申請人又は代理人の住所又は事務所宛て（**注16**）   │
└─────────────────────────────────────┘

令和何年何月何日申請（**注17**）　　何法務局何支局（出張所）（**注18**）

代　理　人　　何市何町何丁目番地

　　　　　　　　　　何　　　某㊞（**注19**）

　　　　　　　連絡先の電話番号○○－○○○○－○○○○（**注 20**）
登録免許税　　金 1,000 円（**注 21**）
不動産の表示（**注 22**）
　　不動産番号　　1234567890123（**注 23**）
　　所　　在　　何市何町何丁目 23 番地
　　家 屋 番 号　　23 番
　　種　　類　　居宅
　　構　　造　　木造かわらぶき 2 階建
　　床 面 積　　1 階　43.00 平方メートル
　　　　　　　　2 階　21.34 平方メートル

（**注 1**）　登記の目的（令 3 条 5 号）は、抹消する登記を順位番号で特定して、「何番所有権抹消」と記載する。

（**注 2**）　登記原因及びその日付（令 3 条 6 号）として、錯誤による意思表示が取り消されたこと（民 95 条 1 項参照）により所有権の移転の登記を抹消する場合は、取消しの意思表示が相手方に到達した日及び取消の旨を記載する。また、所有権移転の原因である売買契約が解除されたことにより所有権の移転の登記を抹消する場合は、解除契約成立日及び解除（合意解除の場合は合意の日及び合意解除）の旨を記載する。

（**注 3**）　被代位者として、登記権利者である真正な所有権の登記名義人（前所有者）の氏名又は名称及び住所を記載する（令 3 条 4 号）。この記載は、登記記録の所有権の登記名義人（前所有者）の記録及び（**注 7**）の登記原因証明情報の表示と合致していなければならない（法 25 条 8 号）。

（**注 4**）　登記義務者（法 60 条）として、建物の現在の所有権の登記名義人の氏名又は名称及び住所を記載し、登記義務者が会社等の法人である場合には、その代表者の氏名をも記載する（令 3 条 1 号・2 号）。この記載は、登記記録の所有権の登記名義人の記録及び（**注 7**）の登記原因証明情報の表示と合致していなければならない（法 25 条 7 号・8 号）。登記義務者が代理人を選任しないで自ら申請するときは、登記義務者の氏名（法人の場合は代表者の氏名）の次に押印（（**注 9**）の印鑑証明書と同一のもの）する（令 16 条 1 項）。

（**注5**）　代位者（申請人）として、当該不動産の買主の氏名又は名称及び住所を記載し、代位者が会社等の法人である場合には、その代表者の氏名をも記載する（令3条1号・2号・4号）。この記載は、（**注11**）の代位原因証書の表示と合致していなければならない（法25条4号・9号）。なお、代位者が代理人を選任しないで自ら申請するときは、代位者の氏名（法人の場合は代表者の氏名）の次に押印する（令16条1項）。

（**注6**）　代位原因として、代位登記が認められるための要件となる法律関係又は事実関係を表示する。売買による所有権移転登記請求権を保全するために代位して申請する場合は、売買契約締結日をもって「何年何月何日売買の所有権移転登記請求権」と記載する（法59条7号、令3条4号）。

（**注7**）　登記原因証明情報として、当該所有権の移転の登記が錯誤であったことを証する当事者が作成した情報〔別記様式参照〕を提供する（令別表26項添付情報欄へ）。

（**注8**）　登記義務者が、当該不動産について所有権の移転の登記をしたときに、登記所から通知された登記識別情報（法22条）を提供する。登記識別情報の提供方法は、登記識別情報を記載した書面を封筒に入れ、この封筒に登記義務者の氏名又は名称及び登記の目的を記載し、登記識別情報を記載した書面が在中する旨を明記する（規則66条1項2号・2項・3項）。平成16年法律第123号による不動産登記法施行前に所有権の移転の登記を受けた登記義務者が最初に当該登記所に申請する場合には、従来の登記済証を提出することになる（法22条、同附則7条）。

　なお、この場合において、登記識別情報又は登記済証を提供又は提出することができないときは、登記官は登記義務者に対して、当該申請があった旨、及び当該申請の内容が真実であれば2週間以内にその旨の申出をすべき旨を通知することになる（法23条1項、規則70条8項）。ただし、登記官が資格者代理人から登記義務者であることを確認するために必要な情報の提供を受け、かつ、その内容を相当と認めたとき（法23条4項1号、規則72条）、又は公証人から登記義務者であることを確認するために必要な認証がされ、かつ、登記官がその内

容を相当と認めたときは（法 23 条 4 項 2 号）、登記義務者への通知は要しない（法 23 条 4 項柱書）。

（注 9）　【書式 15】の（注 9）参照。

（注 10）　所有権の移転の登記の抹消について、当該所有権の移転の登記後の抵当権者等の利害関係を有する第三者がいるときは、当該第三者の承諾を証する情報又は当該第三者に対抗することができる裁判があったことを証する情報を提供する（法 68 条、令 7 条 1 項 5 号ハ・令別表 26 項添付情報欄ト）。承諾を証する情報を記載した書面には、作成者が記名押印し（令 19 条 1 項）、記名押印した者の印鑑証明書を添付しなければならない（同条 2 項）。この印鑑証明書の有効期限はない。なお、承諾者が会社等の法人であるときは、会社法人等番号又は代表者の資格を証する情報をも提供する。

（注 11）　代位原因を証する情報として、売買契約書等の登記官が当事者間に債権の存在することを確認することができる情報を提供する（令 7 条 1 項 3 号）。

（注 12）　【書式 15】の（注 12）参照。

（注 13）　【書式 18】の（注 11）参照。

（注 14）　【書式 15】の（注 14）参照。

（注 15）　から（注 18）　【書式 11】の（注 11）から（注 14）参照。

（注 19）　【書式 15】の（注 19）参照。

（注 20）　【書式 11】の（注 16）参照。

（注 21）　登録免許税額を記載する（規則 189 条 1 項）。この金額は、不動産 1 個につき 1,000 円とされている（登免税法別表第 1・1・⒂）。

（注 22）　【書式 11】の（注 18）参照。

（注 23）　不動産を識別するための番号（不動産番号。法 27 条 4 号、規則 90 条）を記載したときは、（注 22）の土地の所在、地番、地目及び地積、建物の所在、家屋番号、種類、構造及び床面積等の記載を省略することができる（令 6 条 1 項 1 号・2 号）。

〔別記様式〕

登 記 原 因 証 明 情 報

1　登記申請情報の概要
　(1)　登記の目的　　何番所有権抹消
　(2)　登記の原因　　令和何年何月何日取消
　(3)　当　事　者　　権利者　　何市何町一丁目34番地
　　　　　　　　　　　　　　　（乙）乙　　　　某
　　　　　　　　　　　義務者　　何市何町三丁目50番地
　　　　　　　　　　　　　　　（丙）丙　　　　某
　(4)　不動産の表示
　　　　所　　在　　何市何町何丁目23番地
　　　　家屋番号　23番
　　　　種　　類　　居宅
　　　　構　　造　　木造かわらぶき2階建
　　　　床面積　　1階　43.00平方メートル
　　　　　　　　　　2階　21.34平方メートル
2　登記の原因となる事実又は法律行為
　(1)　本件建物には、令和何年何月何日売買を原因として、売主乙から買主丙への所有権の移転の登記（令和何年何月何日受付第何号）がされている。
　(2)　しかし、上記売買の対象とすべきは、本件建物に隣接する何市何町何丁目23番地1家屋番号23番1の建物であり、誤って、本件建物について、売買契約が締結されたものであることが、判明した。
　(3)　乙は、令和何年何月何日、丙に対し、(2)の錯誤を理由として、当該売買契約を取り消す旨の意思表示をし、この意思表示は、令和何年何月何日、丙に到達した。
　(4)　よって、令和何年何月何日取消を原因として、本件建物の所有権の移転の登記を抹消する。

令和何年何月何日　　　何法務局何支局（出張所）
　上記の登記原因のとおり相違ありません。

権利者　　何市何町一丁目34番地　　乙　　　某　㊞

義務者　　何市何町三丁目50番地　　丙　　　某　㊞

書式22　債権者が債権者取消権を行使して所有権の移転の取消しの判決があった場合

　乙から丙への所有権の移転が、民法424条に規定する詐害行為に該当する場合、乙に対して金銭債権を有する債権者甲は、丙を被告とする乙・丙間の詐害行為の取消し、及び当該所有権の移転の登記の抹消登記手続を求める訴えを提起し、その勝訴判決を得た上で、債務者である登記記録上の前所有者乙に代位して、単独で、当該所有権の移転の登記の抹消登記を申請することができる。

　代位による所有権抹消の登記の申請情報としては、債権者（代位者）及び債務者（被代位者）の氏名又は名称及び住所並びに代位原因を記載し（令3条1号・4号）、添付情報として、代位原因を証する情報の提供を要する（令7条1項3号）。そのほかの申請情報の内容及び添付情報については、通常の所有権抹消の登記を申請する場合と同様である。

　この書式は、債権者甲が、民法424条に規定する詐害行為取消権を行使し、その確定判決により、債務者乙に代位して、乙から丙への所有権の移転の登記の抹消登記を単独で申請する場合の記載例である。

【登記申請書】

```
┌ ─ ─ ─ ─ ─ ─ ─ ─ ─ ─ ─ ─ ─ ─ ─ ─ ─ ─ ┐
    ＊受付番号票をはり付ける部分
└ ─ ─ ─ ─ ─ ─ ─ ─ ─ ─ ─ ─ ─ ─ ─ ─ ─ ─ ┘
```

登 記 申 請 書

登記の目的　　何番所有権抹消（注1）

原　　　因　　令和何年何月何日詐害行為取消（注2）

権　利　者　　何市何町一丁目34番地

（被代位者）　　　　乙　　　某（注3）

義　務　者　　何市何町三丁目50番地

　　　　　　　　　　丙　　　某（注4）

代　位　者　　何市何町二丁目12番地

（申 請 人）　　　　甲　　　某（注5）

代 位 原 因　　令和何年何月何日金銭消費貸借の強制執行（注6）

添 付 書 類

　　登記原因証明情報兼代位原因証書（注7）

　　会社法人等番号又は資格証明書（注8）　　代理権限証書（注9）

その他の事項

　　登記所での登記完了証の交付及び原本の還付を希望する（注10）

```
┌ ─ ─ ─ ─ ─ ─ ─ ─ ─ ─ ─ ─ ─ ─ ─ ─ ─ ─ ─ ─ ─ ─ ┐
```
　又は

　　登記完了証の交付及び原本の還付は送付の方法により交付を希望する（注10）

　　送付先：申請人又は代理人の住所又は事務所宛て（注11）
```
└ ─ ─ ─ ─ ─ ─ ─ ─ ─ ─ ─ ─ ─ ─ ─ ─ ─ ─ ─ ─ ─ ─ ┘
```

令和何年何月何日申請（注12）　　何法務局何支局（出張所）（注13）

代　理　人　　何市何町何丁目何番地

　　　　　　　　　　何　　　某㊞（注14）

　　　　　　　　連絡先の電話番号○○−○○○○−○○○○（注15）

登録免許税　　金1,000円（注16）

不動産の表示（注17）

　　不動産番号　　1234567890123（注18）

```
所      在      何市何町何丁目 23 番地
家 屋 番 号      23 番
種      類      居宅
構      造      木造かわらぶき 2 階建
床 面 積      1 階　43.00 平方メートル
                2 階　21.34 平方メートル
```

（**注1**）　【書式21】の（**注1**）参照。

（**注2**）　登記原因及びその日付（令3条6号）として、判決確定の年月日及び詐害行為取消の旨を記載する。

（**注3**）　被代位者として、登記権利者である真正な所有権の登記名義人（前所有者）の氏名又は名称及び住所を記載する（令3条4号）。この記載は、登記記録の所有権の登記名義人（前所有者）の記録及び（**注7**）の登記原因証明情報兼代位原因証書（判決書の正本）の表示と合致していなければならない（法25条8号・9号）。

（**注4**）　代位登記を代位者（申請人）が単独で申請する場合であっても、登記義務者（法60条）として、建物の現在の所有権の登記名義人の氏名又は名称及び住所を記載することとされている（昭和40・7・17民事甲第1890号民事局長回答）。この記載は、登記記録の所有権の登記名義人の記録及び（**注7**）の登記原因証明情報兼代位原因証書（判決書の正本）の表示と合致していなければならない（法25条7号・8号）。

（**注5**）　代位者として、債権者の氏名又は名称及び住所を記載し、代位者が会社等の法人である場合には、その代表者の氏名をも記載する（令3条1号・2号・4号）。この記載は、（**注7**）の代位原因証書（判決書の正本）の表示と合致していなければならない（法25条4号・9号）。なお、代位者の単独申請である旨を明らかにするために（申請人）と記載する。また、代位者が代理人を選任しないで自ら申請するときは、代位者の氏名（法人の場合は代表者の氏名）の次に押印する（令16条1項）。

（**注6**）　代位原因として、詐害行為取消の訴えを提起する原因となった債権

の発生原因として、金銭債権に基づく強制執行を保全するために代位して申請する場合は、金銭消費貸借の契約日をもって「何年何月何日金銭消費貸借の強制執行」と記載する（法59条7号、令3条4号）。

（注7） 登記原因証明情報（法61条）とは、登記原因となった事実又は法律行為及びこれに基づき現に権利変動が生じていることを証する情報であり、詐害行為よる場合は、詐害行為の取消し及び所有権の移転の登記の抹消登記手続を命ずる判決書の正本（確定証明書付）（令7条1項5号ロ(1)）がこれに当たる。また、この判決は、原告（甲）の詐害行為取消請求により、被告（乙）に対して所有権移転の登記の抹消登記手続を命じているので、当該判決書の正本は、代位原因を証する情報を兼ねることができる。なお、判決による所有権の移転の登記の抹消登記を申請する場合には、登記義務者の登記識別情報（又は登記済証）の提供（又は提出）及び印鑑証明書の添付は要しない。

（注8） 【書式15】の（注12）参照。

（注9） 【書式18】の（注11）参照。

（注10） から **（注13）** 【書式11】の（注11）から（注14）参照。

（注14） 代位者が代理人によって登記を申請するときは、その代理人の氏名又は名称及び住所並びに代理人が法人の場合は代表者の氏名を記載し（令3条3号）、記名押印する（令16条1項）。ただし、代理人が申請書に署名したときは、記名押印を要しない（規則47条1号）。この記載は、（注9）の代理権限を証する情報（委任状）における受任者の表示と合致していなければならない（法25条4号）。

（注15） 【書式11】の（注16）参照。

（注16） 【書式21】の（注21）参照。

（注17） 【書式11】の（注18）参照。

（注18） 【書式13】の（注18）参照。

第15章 登記名義人の氏名又は名称及び住所の変更（又は更正）に関する登記

第1節 総 説

第1 登記名義人の意義等

1 登記名義人の意義

「登記名義人」とは、登記記録の権利部に、法3条各号に掲げる権利について権利者として記録されている者をいう（法2条11号）。すなわち、所有権、地上権、永小作権、地役権、先取特権、質権、抵当権、賃借権、配偶者居住権及び採石権（法3条）に関する登記がされている登記記録の権利部に権利者として記録されている所有権者、地上権者、抵当権者、賃借権者等のことである。

2 登記名義人の意義に関して留意すべき事項

登記名義人の意義に関しては、次のようないくつかの留意すべき事項がある。

(1) 胎児及び権利能力なき社団

登記名義人は、不動産に関する権利の主体となり得る者に限られる。具体的には、自然人（民3条）及び法人（民34条）が該当するが、問題となるのは、胎児及び権利能力なき社団である。

① 胎児

胎児は、私法上、原則として、権利能力を有しないが（民3条1項参照）、例外的に、特定の法律関係、例えば、相続（民886条）、遺贈（民965条）等については、既に生まれたものとみなされ、生きて生まれることを前提に、権利能力が付与されている。

そこで、登記実務においては、相続に関して、胎児を既生児とし

て取り扱い、胎児名義での相続による登記を認めており、この場合の当該胎児に係る登記名義は、「何某（母の氏名）胎児」として記録するものとされている（令和5・3・28民二第538号民事局長通達第3の2(1)）。

② 権利能力なき社団

法人としての実体は備えているが、法律上、法人格を有しない権利能力なき社団が不動産を有している場合に、当該社団名義で登記することができるかどうかについて、判例は、権利能力なき社団の資産は、その社団の構成員全員に総有的に帰属しているのであって、社団自身が私法上の権利義務の主体となることはないから、権利能力なき社団が不動産登記の申請人になることはできないとし、また、社団の代表者である旨の肩書を付した代表者個人名義の登記を認めることは、仮に、そのような方法が代表者個人の固有の権利と区別し社団の資産であることを明らかにする手段としては適当であるとしても、このような登記を許すことは、実質において社団を権利者とする登記を許容することにはかならないから、そのような登記は認められないとしている（最二小判昭和47・6・2民集26巻5号957頁）。登記実務においても、同様に、権利能力なき社団を登記名義人とする登記は許されず（昭和23・6・21民事甲第1897号民事局長回答）、また、「当該社団代表何某」などの社団代表者である肩書を付した代表者名義の登記も認められないとされている（昭和36・7・21民事三発第625号第三課長回答）。

(2) **処分制限の登記**

権利に関する登記は、法3条各号に掲げる権利の処分の制限についてもすることができる。「処分の制限」とは、不動産に関する権利を有する者に対し、その権利の譲渡その他の処分権を制限ないし奪うことを意味し、当事者の合意に基づくもの、裁判所の裁判や行政庁の処分によるものなど種々のものがあるが、その典型は、民事執行法及び民事保全法上の処分の制限である差押え・仮処分・仮差押えである。

これらの処分の制限は、不動産の権利に関する登記名義人に対して、

何らかの私法上の請求権を有する債権者が、自己の権利を保全するために裁判所に申立てをし、これに基づいて裁判所が決定するものであり、処分の制限の裁判がされた場合には、裁判所書記官の嘱託によって、差押え等の登記がされることになる（民事執行法48条1項、民事保全法47条3項等）。そして、差押え・仮処分・仮差押えの登記は、当該処分の制限の裁判の申立てをした債権者の利益を保護する機能を有することから、登記実務においては、これらの登記の登記記録に、当該申立てをした債権者の氏名又は名称及び住所を記録し、その上で、便宜、当該債権者を当該登記の登記名義人とする取扱いをしている。

(3)　仮登記の登記名義人

仮登記（法105条）とは、本登記（民法177条の対抗力を有する登記）をするための手続的要件又は実体的要件を具備していない場合に、将来されるべき本登記の順位をあらかじめ保全するための登記である。仮登記それ自体は対抗力を持たない予備的な登記であるが、これも権利に関する登記であり、登記記録の権利部に記録されるから、その登記の「権利者」として登記されている者は、仮の「登記名義人」に当たるといえる。

(4)　表題部所有者

「表題部所有者」とは、所有権の登記がない不動産の登記記録の表題部に、所有者として記録されている者をいい（法2条10号）、不動産登記法によって、一定の表示に関する登記について申請権を有し、又は申請義務を負うとともに、初めてする所有権の登記（所有権の保存の登記）の申請適格が付与されている（法74条1項1号）。

しかしながら、そもそも所有権の登記がない不動産の登記記録には、権利部が存在しないから、表題部所有者は、あくまでも表示に関する登記の一つとして登記記録の表題部に記録される事項であり、当該不動産の所有権者として登記されているわけではない。したがって、表題部所有者は、所有権の登記名義人には該当しない。

(5)　代位債権者

債権者が、民法423条その他の法令の規定により他人（債務者）に

代わって登記を申請した場合、当該登記には、その債権者（代位者）の氏名又は名称及び住所並びに代位原因が登記されることになる（法59条7号）。この場合、当該登記の登記名義人として記録されるのは、債務者である当該権利を有する者であって、代位申請をした債権者（代位者）ではないから、当該債権者（代位者）は、登記名義人には該当しない。

第2　変更又は更正の登記の意義等

1　変更又は更正の登記の意義

「変更の登記」とは、登記事項に変更があった場合に当該登記事項を変更する登記であり（法2条15号）、「更正の登記」とは、登記事項に錯誤又は遺漏があった場合に当該登記事項を訂正する登記である（法2条16号）。そして、前掲第1の1（135頁）の登記名義人である権利者（法2条11号）については、その氏名又は名称及び住所（以下「氏名等」という。）が登記事項とされていることから（法59条4号）、登記名義人の当該権利の登記の受付の年月日（当該登記の登記年月日）を基準として、当該登記後に、氏名若しくは名称の変更又は住所の移転等により、登記記録と合致しなくなった場合に、それを改める登記が登記名義人の変更の登記であり、登記をした当時の氏名等が誤って登記され、又はその登記を遺漏したことにより、その当時の真実の氏名等が登記記録と合致しない場合に、それを訂正する登記が登記名義人の更正の登記である。

なお、権利の変更又は更正の登記は、登記上の利害関係を有する第三者の承諾がある場合又は当該第三者がない場合に限り、付記登記によってすることができるとされているが（法66条）、登記名義人の氏名等の変更又は更正の登記をするに当たっては、登記上の利害関係を有する第三者は存在しないので、当該登記は、必ず主登記の付記登記又は付記登記の付記登記によってすることになる（規則3条1号）。

2　所有権の登記名義人の氏名等の変更の登記の申請義務

(1)　所有権の登記名義人の氏名等の変更の登記

　　令和 3 年法律第 24 号の「民法等の一部を改正する法律」により、不動産登記法の一部が改正され、改正法 76 条の 5 として、所有権の登記名義人の氏名若しくは名称又は住所について変更があったときは、当該所有権の登記名義人は、その変更があった日から 2 年以内に、氏名若しくは名称又は住所についての変更の登記を申請しなければならない旨の規定が新設された。

　　従来、所有権の登記名義人が、氏名等、特に、住所を変更しても、その旨の登記がされない傾向にあり、その原因としては、①改正前の不動産登記法においては、氏名等の変更の登記申請は任意とされており、変更をしなくても大きな不利益がないこと、②転居等の度に所有不動産について変更の登記をするのは負担であることが指摘されていた（村松秀樹ほか「令和 3 年民法・不動産登記法等改正及び相続土地国庫帰属法の解説(2)」（登記研究 886 号 1 頁。以下「解説」という。）11 頁）。

　　そこで、令和 3 年法律第 24 号により、改正法 164 条 2 項の規定が新設され、所有権の登記名義人に氏名等について変更があった場合の変更の登記申請が義務付けられ、正当な理由がないのにその申請を怠ったときは、5 万円以下の過料に処することとされた。

　　なお、「正当な理由」の具体的な類型については、今後に発出される通達等によって明確にされる予定であるが、例えば、㋐登記の申請義務がある者自身に重病等の事情がある場合、㋑登記の申請義務がある者が、いわゆる DV 被害者等であり、その生命・身体に危害が及ぶ状態にあって避難を余儀なくされている場合、㋒経済的に困窮しているために登記に要する費用を負担する能力がない場合等、その財産状況や具体的な生活環境などが考慮されることになるものと考えられる（解説 22 頁の（注 21）・20 頁の（注 14））。

(2)　職権による氏名等の変更の登記

　　令和 3 年法律第 24 号により、改正法 76 条の 6 として、登記官は、

所有権の登記名義人の氏名若しくは名称又は住所について変更があったと認めるべき場合として法務省令で定める場合には、法務省令で定めるところにより、職権で、氏名若しくは名称又は住所についての変更の登記をすることができる旨の規定が新設された（同条本文）。

　この規定は、氏名等の変更の登記の申請義務化に伴い、その申請義務の実効性を確保するための環境整備策として、登記名義人の負担軽減の観点から新設されたものである。

　法務省令で定める場合として、登記官が、他の公的機関から所有権の登記名義人の氏名等の異動情報を取得する仕組みが新設される予定であり、その具体的な運用の在り方については、現時点においては、次のようなものが想定されている（解説22頁の（注22））。

① 所有権の登記名義人が自然人である場合

　所有権の登記名義人から、その氏名、住所のほか、生年月日等の情報（検索用情報）の提供を受け、これを検索キーとして、法務局側で定期的に住基ネットに照会をして異動情報を取得することにより、氏名等の変更の有無を確認する（氏名等の変更があったことが判明したときは、事前に、職権で変更の登記をすることについて、法務局側から所有権の登記名義人に対して確認を行う。）。

　ただし、自然人については、DV被害者等であって最新の住所を公示することに支障がある者も存在し得ることや、個人情報保護の観点から、住民基本台帳を閲覧することができる事由を限定している住民基本台帳制度の趣旨を踏まえると、登記官が所有権の登記名義人の氏名等が変更されたという情報を取得したとしても、これを直ちに公示することは適当でないと考えられる。そのため、法務局側から所有権の登記名義人に対して変更の登記をすることについて確認を行い、当該登記名義人から変更について了解を得たときは、これを「申出」があったものとして扱い、登記官が、職権で変更の登記をすることとされている（改正法76条の6ただし書）。

　なお、所有権の登記名義人が外国に居住する場合等においては、住基ネットを通じての異動情報の取得ができないため、「変更が

あったと認めるべき場合として法務省令で定める場合」に該当する
ことはないから、登記官が、職権で変更の登記をすることはできず、
当該所有権の登記名義人が、自ら氏名等の変更の登記を申請する必
要がある。

② 　所有権の登記名義人が法人である場合

法務省内のシステム間連携により、法人の名称又は住所に変更が
生じたときは、商業・法人登記のシステムから不動産登記情報シス
テムに、その変更情報を通知することにより、名称又は住所の変更
があったことを把握する。

なお、所有権の登記名義人が法人であるときは、その会社法人等
番号が登記事項とされているため（改正法 73 条の 2 第 1 項 1 号）、上
記の情報の連携においても、会社法人等番号を利用することが想定
されている。

(3)　**申請義務に関する規定の施行日及び経過措置**

上記(1)の改正法 76 条の 5 及び(2)の 76 条の 6 の規定は、令和 8 年 4
月 1 日から施行することとされている。また、改正法 76 条の 5 の規
定は、その施行日前に氏名等の変更があった場合にも適用され（令和
3 年法律第 24 号附則 5 条 7 項）、その履行期間については、施行日から
2 年間の猶予期間が置かれている。したがって、令和 8 年 4 月 1 日前
に氏名等の変更があった場合には、その変更があった日又は令和 8 年
4 月 1 日のいずれか遅い日から 2 年以内に、氏名等の変更登記を申請
しなければならない。

第 3　変更又は更正の登記の要否

1　変更又は更正の登記を要しない場合

登記実務において、登記名義人の氏名等の変更又は更正の登記を要しな
い（省略することができる）とされている主な事例は、次のとおりである。

①　所有権以外の権利の登記の抹消を申請する場合において、当該権利
の登記名義人（登記義務者）の氏名等の変更を証する情報を提供した
場合（昭和 31・10・17 民事甲第 2370 号民事局長事務代理通達）

② 　所有権移転又は所有権移転請求権保全の仮登記の抹消を申請する場合において、登記義務者の氏名等の錯誤又は変更を証する情報を提供した場合（昭和 32・6・28 民事甲第 1249 号民事局長回答）

③ 　根抵当権の追加設定の登記を申請する場合に、債務者又は根抵当権者の住所について、区制施行などの地番変更を伴わない行政区画の変更が行われている場合の当該債務者又は根抵当権者の住所の変更の登記（平成 22・11・1 民二第 2759 号民事第二課長通知）

④ 　「配偶者からの暴力の防止及び被害者の保護等に関する法律」1 条 2 項に規定する被害者、「ストーカー行為等の規制等に関する法律」7 条に規定するストーカー行為等の相手方、「児童虐待の防止等に関する法律」2 条に規定する児童虐待を受けた児童等として、住民基本台帳事務処理要領（昭和 42・10・4 法務省民事甲第 2671 号法務省民事局長・保発第 39 号厚生省保険局長・庁保発第 22 号社会保険庁年金保険部長・42 食糧業第 2668 号（需給）食糧庁長官・自治振第 150 号自治省行政局長通知）第 6 の 10 の措置を受けている者（被支援措置者）が登記義務者となる所有権の移転の登記の前提としての住所変更の登記について、被支援措置者であることを証する情報を提供して、当該被支援措置者から当該変更の登記をすることなく所有権の移転の登記を求める旨の申出があった場合（平成 25・12・12 民二第 809 号民事第二課長通知）

　なお、被支援措置者が所有権の移転の登記の申請における登記権利者となる場合において、㋐住民票上の住所地を秘匿する必要があり、当該登記権利者の印鑑証明書を添付して「住民票に現住所として記載されている住所地は、配偶者等からの暴力を避けるために設けた臨時的な緊急避難地であり、飽くまで申請情報として提供した住所が生活の本拠である」旨を内容とする上申書が申請情報とともに提供されていること、㋑上記㋐の申請情報の内容として提供された当該登記権利者の住所が、添付情報として提供された登記名義人となる者の住所を証する市区町村長その他の公務員が職務上作成した情報において前住所又は前々住所等として表示されていること、㋒申請情報及び添付情報等から上記㋐の上申書の内容に疑念を抱かしめる事情がないと認め

られることの三要件のいずれをも満たす場合には、申請情報の内容として提供された住所を当該登記権利者の住所として取り扱って差し支えないとされ、この取扱いによる登記の申請には、登記権利者の前住所又は前々住所等が表示された当該登記権利者の住所を証する市区町村長その他の公務員が職務上作成した情報、及び当該登記権利者が支援措置を受けていることを証する情報の提供を要するものとされている（平成27・3・31民二第196号民事第二課長依命通知）。

⑤　所有権の登記名義人（甲）が、呼称上の氏が同じ者（甲）と婚姻した場合（登記研究392号108頁）

⑥　所有権の登記名義人（乙）が、離婚の際に称していた氏（乙）を称する場合（登記研究459号99頁）

⑦　登記名義人の住所の変更が、政令指定都市の区制施行（登記研究301号69頁）、「村」から「町」への変更（登記研究489号152頁）、行政区画のみの変更（登記研究464号117頁）による場合

⑧　登記権利者（前登記名義人）の氏名等の変更を証する情報を提供して、所有権の更正の登記又は抹消の登記を申請する場合（登記研究388号79頁・435号117頁等）

⑨　抵当権者の名称又は住所の変更を証する情報を提供して、変更後の名称及び住所で抵当権の追加設定を申請する場合（登記研究547号146頁・560号136頁）

2　変更又は更正の登記を要する場合

登記実務において、登記名義人の氏名等の変更又は更正の登記を要する（省略することができない）とされている主な事例は、次のとおりである。

①　仮登記に基づく本登記を申請する場合において、仮登記名義人の氏名等について変更又は錯誤がある場合の当該変更又は更正の登記（昭和38・12・27民事甲第3315号民事局長通達）

②　権利の移転の登記の前提としてする登記名義人の氏名等の変更又は更正の登記（昭和43・5・7民事甲第1260号民事局長回答）

③　登記義務者が死亡したため、その相続人が、登記権利者と共同して、

　　登記未了であった売買又は贈与による所有権の移転の登記をする場合において、当該登記名義人の氏名等について変更又は錯誤があるときの当該変更又は更正の登記（登記研究 401 号 160 頁）

④　敷地権が生じた日前の日を登記原因の日付とする土地又は建物のみの所有権に関する仮登記、質権又は抵当権の設定の登記を申請する場合において、所有権が敷地権である区分建物所有者が住所を変更していたときの当該変更の登記（登記研究 454 号 132 頁）

⑤　仮登記名義人が単独で当該仮登記の抹消の登記を申請する場合において、登記権利者（所有権の登記名義人）の住所が変更しているときの当該住所の変更の登記（登記研究 471 号 135 頁）

⑥　所有権の移転の登記の抹消の登記を申請する場合において、登記義務者の氏名等が登記記録上の氏名等と合致しないときの当該変更又は更正の登記（登記研究 350 号 75 頁・546 号 152 頁）

⑦　甲乙共有の不動産について、「持分放棄」又は「共有物分割」を登記原因として乙持分の全部を甲に移転する場合に、甲の住所が登記記録上の住所と合致しないときの甲の住所変更の登記（登記研究 473 号 151 頁・573 号 123 頁）

⑧　判決による所有権の移転の登記をする場合に、判決書の正本に登記義務者の住所として、現在の住所と登記記録上の住所が併記されているときの当該登記義務者の住所の変更又は更正の登記（登記研究 429 号 120 頁・611 号 171 頁）

第4　変更又は更正の登記の一括申請の可否

1　変更又は更正の登記の一括申請が認められる場合

　登記実務において、登記名義人の氏名等の変更又は更正の登記の一括申請が認められる主な事例は、次のとおりである。

①　登記名義人の住所が数回にわたって変更されている場合において、申請情報に登記原因及びその日付を併記し、各変更を証する情報を提供した場合の現住所への変更の登記（昭和 32・3・22 民事甲第 423 号民事局長通達第三）

　　なお、この場合において、登記原因が、例えば、全て「住所移転」のように同種のものであるときは、便宜、最後の住所移転及びその日付を記載して差し支えない。また、当該変更の登記の登録免許税は、1件（不動産1個につき1,000円）として徴収する（登免税法別表第1・1・(14)）。

②　共有者甲・乙の住所を互いに誤って登記した場合の住所の更正の登記（昭和38・9・25民事甲第2654号民事局長回答）

③　登記名義人の住所移転による変更と住居表示実施による変更の登記（昭和40・10・11民事甲第2915号民事局長回答）

　　なお、この場合、最終の登記原因が住居表示の実施による変更であるときの登録免許税は、非課税である（登免税法5条4号）。

④　登記名義人の住所について、更正の登記がされないまま住所が移転された場合における登記原因を「錯誤」及び「年月日住所移転」とする住所の変更・更正の登記（登記研究217号73頁）

⑤　X地についてAを、Y地についてBを住所とする所有権の登記名義人が、住所をCに移転した場合のX・Y両地についての住所の変更の登記（登記研究283号71頁）

⑥　同一の不動産上に設定の登記のある抵当権者を同じくする数個の抵当権がある場合において、各抵当権についてする抵当権者の住所の変更の登記（登記研究286号77頁）

⑦　甲単有の不動産と甲・乙共有の不動産について、甲の住所移転による住所の変更の登記（登記研究360号92頁）

　　なお、この場合の申請情報における「変更後の事項」は、「所有者及び共有者甲の住所」として、移転後の住所を記載する。

⑧　所有権の登記名義人の氏名及び住所の錯誤による更正の登記、及び住所移転による変更の登記（登記研究381号90頁・396号103頁）

　　なお、この場合の申請情報における登記原因は「錯誤、年月日住所移転」と記載し、また、当該変更・更正の登記の登録免許税は、不動産1個につき2,000円である（昭和42・7・26民事三発第794号第三課長依命通知記一の4イ本文）。

⑨　登記記録上の住所が同一である共有者が、同時に同一の地に住所を移転した場合における当該共有者の住所の変更の登記（登記研究 409 号 85 頁・455 号 91 頁）

なお、当該変更の登記の登録免許税は、不動産 1 個につき 2,000 円である。

⑩　共有者甲・乙の登記記録上の住所が、それぞれ A 及び B である場合において、甲及び乙が同一の日付で C へ住所移転したときの甲及び乙の住所の変更の登記（登記研究 575 号 122 頁）

2　変更又は更正の登記の一括申請が認められない場合

登記実務において、登記名義人の氏名等の変更又は更正の登記の一括申請が認められない主な事例は、次のとおりである。

①　乙・丙の共有不動産について、甲が、順位 2 番で A を住所として乙持分を取得した後、住所を B に移転したが、順位 3 番で A を住所として丙持分を取得した場合における一の申請情報による順位 2 番の住所の変更の登記及び順位 3 番の住所の更正の登記（登記研究 193 号 72 頁）

②　同一の登記名義人において、X 地についての「住所移転」による住所の変更の登記と、Y 地についての「錯誤」による住所の更正の登記（登記研究 413 号 97 頁）

③　同一人が、X 地については所有権の登記名義人、Y 地については所有権の仮登記名義人である場合において、両地についての住所の変更の登記（登記研究 453 号 123 頁）

④　同一の登記名義人において、X 地についての「錯誤」による氏名の更正の登記と、Y 地についての「錯誤」による住所の更正の登記（登記研究 486 号 133 頁）

⑤　同一の根抵当権者において、X 地についての「住居表示実施」による住所の変更の登記と、Y 地についての「住所（本店）移転、住居表示実施」による住所の変更の登記（登記研究 516 号 196 頁）

⑥　甲単有の X 地と甲・乙共有の Y 地について、甲及び乙の住所移転

による両地についての住所の変更の登記（登記研究 519 号 187 頁）

　これは、X 地についての変更の登記の申請人は甲であり、Y 地についての変更の登記の申請人は甲及び乙であること、また、申請情報における「変更後の事項」は、X 地については「住所」と記載し、Y 地については「共有者甲及び乙の住所」と記載することになるからである。

第5　変更又は更正の登記の申請情報及び添付情報

1　申請人

　登記名義人の氏名等の変更又は更正（登記官の職権による更正を除く。）の登記は、当該登記名義人が、単独で申請することができる（法 64 条 1 項）。また、当該登記名義人の債権者が、単独で、代位申請をすることもできる（民 423 条 1 項）。

2　申請情報

　登記名義人の氏名等の変更又は更正の登記の申請情報の内容とすべき事項及び特殊な氏名等の変更の登記は、次のとおりである。

(1)　登記の目的並びに登記原因及びその日付

　平成 16 年法律第 123 号による改正前の不動産登記法上における登記実務においては、個人の氏名又は住所、株式会社等の商号又は本店、一般社団法人・一般財団法人等の法人の名称又は主たる事務所を変更又は更正する場合の「登記の目的」（令 3 条 5 号）は、いずれも「登記名義人表示変更（又は更正）」とするものとされていた（旧不動産登記記載例集（平成 2・11・8 民三第 5000 号民事局長通達）421 から 433）。改正後の不動産登記法においては、個人の氏名を変更又は更正する場合の「登記の目的」は「登記名義人氏名変更（又は更正）」、株式会社等の商号や一般社団法人・一般財団法人等の法人の名称を変更又は更正する場合の「登記の目的」は「登記名義人名称変更（又は更正）」とし、個人の住所、株式会社等の本店、一般社団法人・一般財団法人等の法人の主たる事務所を変更又は更正する場合の「登記の目的」は

「登記名義人住所変更（又は更正）」とするものとされている（不動産登記記録例集（平成 28・6・8 民二第 386 号民事局長通達）617 から 633 参照）。

　登記実務における登記名義人の氏名等の変更又は更正の登記の「登記の目的」並びに「登記原因及びその日付」に係る主な取扱いは、次のとおりである。

①　改名による氏名の変更の登記原因の日付は、戸籍届出の日である（登記研究 95 号 39 頁）。

②　国籍法 3 条 1 項の国籍取得に伴う氏名の変更の登記原因の日付は、国籍取得届出の日である（国籍法 3 条 1 項、戸籍法 102 条 1 項）。

③　親子関係不存在確認判決により、登記名義人の姓が変更した場合の登記の目的は「登記名義人氏名更正」、登記原因は「錯誤」であり、その日付の記載は要しない（登記研究 213 号 67 頁）。

④　国籍法 4 条の帰化による日本国籍取得に伴う氏名の変更の登記原因の日付は、帰化届出の日である（登記研究 501 号 154 頁）。

⑤　登記名義人乙川何某が婚姻によって氏を甲野何某に改めたが、氏名の変更の登記をしないまま離婚し、離婚届と共に離婚の際に称していた氏（甲野）を称する旨の届出をした場合の氏名の変更の登記原因の日付は、婚姻の日である（登記研究 534 号 130 頁）。

⑥　登記名義人である法人の商号（名称）の変更の登記原因の日付は、主務大臣の認可を要する場合は認可の日であり、主務大臣の認可を要しない場合は株主総会の決議の日である（登記研究 14 号 30 頁）。

⑦　住所移転による住所変更の登記原因の日付は、住民票に記載された転入の年月日である（登記研究 123 号 41 頁）。

⑧　住居表示の実施又はその変更に伴う住所変更の登記原因は、住所変更証明書の記載に従って、それぞれ「住居表示実施」又は「住居表示変更」とする（登記研究 289 号 65 頁）。

⑨　住所について、地番の更正、変更、訂正等と記載されている住民票の写しを提供してする場合の登記の目的は「登記名義人住所更正」であり、登記原因は「錯誤」である（登記研究 364 号 81 頁）。

⑩　住所に錯誤があり、その後、申出によって地番訂正がされている住民票の写しを提供した場合の住所更正の登記原因は、「錯誤」である（登記研究369号81頁）。

⑪　「年月日住所移転、年月日地番訂正」と記載された住民票の写しを提供した場合の住所変更の登記原因は、「年月日住所移転」とすれば足りる（登記研究372号81頁）。

⑫　区画整理により町名のみが変更された後、住所移転がされた場合の住所変更の登記原因は、住所移転のみで差し支えない（登記研究383号93頁）。

⑬　番邸あるいは戸番（本籍の屋敷番号）で表示された住所を、新戸籍の編製その他の戸籍の改製等により変更する場合の登記原因は、「年月日呼称変更」とし（登記研究452号115頁）、その日付は、新戸籍が編製された日又は戸籍が改製された日とするのが相当である（昭和44・7・26民事三発第332号第三課長回答）。

⑭　町名変更及び地番変更が同日付けでされている場合の住所変更の登記原因は、「年月日町名変更、地番変更」と併記する（登記研究524号168頁）。

⑮　登記名義人が数回にわたって持分を取得した後に住所を変更した場合の登記の目的は「何番、何番、何番登記名義人住所変更」とする（登記研究525号211頁）。

⑯　登記記録上の住所が、住居表示の実施による変更後に、数回の住所移転を経て住居表示実施後の住所と同一の住所となった場合の登記原因及びその日付は、最後の住所移転の日をもって「年月日住所移転」とすることができるが、登録免許税を非課税とすることはできない（登記研究744号125頁）。

(2)　変更又は更正の事由が数個ある場合の登記の目的及び登記原因

　登記名義人の氏名等の変更の登記原因が、順次、数個生じた場合には、中間の変更の登記を省略して、登記記録上の表示から、直接、現在の表示に変更する登記を申請することが認められている。また、当該申請情報における「登記原因及びその日付」は、全ての変更の経過

を記載する必要はなく、同種の変更事由が数個生じた場合は、その最終の事由のみを記載し、異種の変更事由が数個生じた場合には、各種類ごとに最終の事由を記載すれば足りる（前掲第 4 の 1 ①（144 頁）参照）。このような取扱いは、登記名義人の氏名等に当初から錯誤又は遺漏があり、その更正の登記がされない間に、その氏名等について変更が生じた場合にも認められる。

　その具体的な事例における「登記の目的」、「登記原因及びその日付」並びに「変更後の事項」は、次のとおりである。

①　所有権の登記名義人の登記記録上の住所 A が、その後の移転（又は住居表示の実施）により B になり、さらに、その後の移転（又は住居表示の実施）により C になった場合

　　　登記の目的　「何番所有権登記名義人住所変更」（登記記録は、「何番登記名義人住所変更」と記録される（以下同じ。）。）

　　　登記原因及びその日付　「年月日（C に移転した日又は住居表示実施の日）住所移転（又は住居表示実施）」

　　　変更後の事項　「住所　C」

②　所有権の登記名義人の登記記録上の住所 A は、申請人の錯誤による申請に基づくものであり、正しくは B であるところ、その更正の登記がされない間に C に移転した（又は住居表示の実施があった）場合

　　　登記の目的　「何番所有権登記名義人住所変更」（「変更、更正」とする必要はない（③及び⑤について同じ。）。）

　　　登記原因及びその日付　「錯誤　年月日（C に移転した日又は住居表示実施の日）住所移転（又は住居表示実施）」

　　　変更後の事項　「住所　C」

③　所有権の登記名義人の登記記録上の住所 A は、申請人の錯誤による申請に基づくものであり、正しくは B であるところ、その更正の登記がされない間に、その住所が住居表示の実施により C に変更され、さらに、その後、D に移転した場合

　　　　登記の目的　「何番所有権登記名義人住所変更」

　　　　登記原因及びその日付　「錯誤　年月日（住居表示実施の日）住居
　　　　　　　　　　　　　　　　表示実施　年月日（Dに移転した日）住
　　　　　　　　　　　　　　　　所移転」

　　　　変更後の事項　「住所　D」

④　所有権の登記名義人の登記記録上の氏甲が、養子縁組により乙に
　改められ、さらに、その後、婚姻によって丙に改められた場合

　　　　登記の目的　「何番所有権登記名義人氏名変更」（登記記録は、「何
　　　　　　　　　　番登記名義人氏名変更」と記録される（以下同じ。）。）

　　　　登記原因及びその日付　「年月日（婚姻届出の日）氏名変更」

　　　　変更後の事項　「氏名　丙某」

⑤　所有権の登記名義人の登記記録上の氏甲は、申請人の錯誤による
　申請に基づくものであり、正しくは甲1であるところ、その更正の
　登記がされない間に、婚姻（又は養子縁組）によって乙に改められ
　た場合

　　　　登記の目的　「何番所有権登記名義人氏名変更」

　　　　登記原因及びその日付　「錯誤　年月日（婚姻又は養子縁組の日）
　　　　　　　　　　　　　　　　氏名変更」

　　　　変更後の事項　「氏名　乙某」

⑥　所有権の登記名義人の登記記録上の氏が甲、住所がAである場
　合において、氏が婚姻（又は養子縁組）によって乙に改められ、さ
　らに、住所が移転（又は住居表示の実施）によりBになった場合

　　　　登記の目的　「何番所有権登記名義人住所、氏名変更」

　　　　登記原因及びその日付　「年月日（婚姻又は養子縁組の日）氏名変
　　　　　　　　　　　　　　　　更　年月日（Bに移転した日）住所移転」

　　　　変更後の事項　「住所　B　氏名　乙某」

(3)　変更後又は更正後の氏名又は名称及び住所

　　変更後又は更正後の事項として、登記名義人が自然人の場合は、例
　えば、氏名を「氏名　何某」、住所を「住所　何市何町何丁目何番地」
　と記載する。法人の場合は、例えば、名称を「商号（名称）　株式会

社何商会（一般社団法人何々）」、住所を「住所（主たる事務所）　何市
何町何丁目何番地」と記載する。

(4)　法人識別事項及び国内連絡先事項

　　令和3年法律第24号（前掲第2の2（139頁）参照）により、所有権
の登記名義人が法人であるときは、会社法人等番号（商業登記法7条
（他の法令において準用する場合を含む。）に規定する会社法人等番号をい
う。）その他の特定の法人を識別するために必要な事項として法務省
令で定めるもの（法人識別事項）を、また、所有権の登記名義人が国
内に住所を有しないときは、その国内における連絡先となる者の氏名
又は名称及び住所その他の連絡先に関する事項として法務省令で定め
るもの（国内連絡先事項）を、それぞれ所有権の登記の登記事項とす
ることとされている（改正法73条の2第1項。令和6年4月1日施行）。

　　これに伴い、令和5年政令第297号により、不動産登記令別表23
項（登記名義人の氏名若しくは名称又は住所についての変更の登記又は更
正の登記）の申請情報欄に、所有権の登記名義人が法人である場合に
おいて、その名称又は住所についての変更又は更正の登記を申請する
ときは法人識別事項を、また、変更後又は更正後の所有権の登記名義
人の住所が国内にないときは国内連絡先事項を、それぞれ申請情報の
内容とする旨の改正がされ、令和6年4月1日から施行される。

　　なお、法人識別事項及び国内連絡先事項に関する添付情報について
は、法務省令（不動産登記規則）において定められる予定である（改
正法73条の2第2項参照）。

(5)　相続による胎児名義の登記の氏名及び住所の変更

　　前掲（第1の2(1)①（135頁））のとおり、胎児は、相続（民886条）、
遺贈（民965条）等については、既に生まれたものとみなされ、生き
て生まれることを前提に、権利能力が付与されている。登記実務にお
いては、相続に関して、胎児を既生児として取り扱い、胎児名義での
相続による登記を認め、この場合の当該胎児に係る登記名義は、「何
某（母の氏名）胎児」として記録するものとされている（令和5・3・
28民二第538号民事局長通達第3の2(1)）。

　そして、胎児は、出生により氏を取得し（民790条）、出生の届出によって名を称することになるから（戸籍法49条1項・2項、29条4号）、相続により登記名義人として登記を受けた胎児については、氏名に変更が生じることになる。また、登記名義人である胎児の住所としては母の住所が登記されているが、出生により、住民として新たに住所が定められることになるから（住基法7条）、住所についても変更が生じることになる。

　そこで、この場合の変更の登記の申請情報における「登記の目的」（令3条5号）は「登記名義人住所、氏名変更」とし、「登記原因及びその日付」（同条6号）は「年月日出生（日付は、戸籍に記載された出生の日）」と記載する。また、「変更後の事項」は「共有者何某胎児の氏名住所　何市何町何丁目何番地　何某」と記載する（前掲令和5年民事局長通達別紙3の2、後掲【書式8】の記録例参照）。

　なお、胎児が、死体で生まれた場合は、当該相続の登記について更正の登記をすることになる。当該更正の登記の申請は、胎児を登記義務者（胎児の母が法定代理人として申請する。）、胎児を除く他の相続人を登記権利者とする共同申請により、「登記の目的」（令3条5号）は「所有権更正」、「登記原因」（同条6号）は「錯誤」とすることになる。また、「更正後の登記事項」として、相続人の住所及び氏名が記録され、共同相続の場合には、各自の持分も記録されることになる（前掲令和5年民事局長通達別紙3の3、後掲【書式8】の記録例参照）。

(6)　所有権の登記名義人の死亡による相続財産法人名義への変更

　相続人のあることが明らかでないとき（相続人の不存在）は、相続財産は、法人とするものとされている（民951条）。

　そこで、所有権の登記名義人が死亡したが、その相続人のあることが明らかでないときは、当該登記名義人の記録を法人名義に変更する旨の登記をするものとされている（昭和10・1・14民事甲第39号民事局長通牒）。

　当該変更の登記の申請情報における「登記の目的」は「何番登記名義人氏名変更」（登記名義人の死亡時の住所と登記記録の住所とが異なる

ときは「何番登記名義人住所、氏名変更」とする。）とし、「登記原因及びその日付」は「年月日相続人不存在」（登記名義人の死亡時の住所と登記記録の住所とが異なるときは「年月日住所移転」の旨を併記する。）と記載する。また、「変更後の事項」は「登記名義人　何市何町何丁目何番地　亡何某相続財産」と記載する（登記名義人の死亡時の住所と登記記録の住所とが異なるときは死亡時の住所を併記する。）（後掲【書式 8】の参考〔記録例 195 から 197〕参照）。

　なお、当該変更の登記は、相続財産清算人が、相続財産法人の代理人として申請することになるので（民 953 条、28 条）、「申請人」（令 3 条 1 号）としては、当該相続財産清算人の氏名及び住所を記載する。

(7)　共有者が同名異人で住所も同一の場合

　登記実務においては、住所を同じくする同名異人である共有者を特定する方法として、当該共有者の生年月日を登記することが認められている（昭和 45・4・11 民事甲第 1426 号民事局長回答）。

　例えば、甲の死亡により、乙と丙が相続した後に、丙の死亡によって丁と戊が相続したが、共有者の乙と丁が住所を同じくする同名異人であるときは、丙からの相続による共有持分全部移転の登記について、丁の住所及び氏名のほか、生年月日を登記することができ、また、既に登記されている共有者乙についても、生年月日を付記する変更の登記をすることができる。

　この場合の共有者乙の変更の登記の申請情報における「登記の目的」は、「何番登記名義人生年月日表示」と記載し、「変更後の事項」として「共有者乙の生年月日　年月日生」と記載する（後掲【書式 2】の参考〔記録例 630〕参照）。

(8)　登録免許税額

　登記名義人の氏名等の変更又は更正の登記の登録免許税額は、不動産の個数 1 個につき 1,000 円とされている（登免税法別表第 1・1・⒁）。

　登記名義人の氏名等の変更又は更正の登記について、一括申請が認められる場合（前掲第 4 の 1（144 頁）参照）等の登録免許税額に係る登記実務の取扱いは、次のとおりである。

　なお、住居表示の実施又は変更に伴う登記事項の変更について、登録免許税の免除（非課税）を受けるためには（登免税法5条4号）、当該変更の登記が住居表示の実施又は変更に伴って受けるものであることを証する当該実施又は変更に係る市町村長（特別区の区長を含む。）の書類（非課税証明書）の提供を要する（登免税法施行規則1条1号）。

　また、行政区画、郡、区、市町村内の町若しくは字又はこれらの名称の変更（その変更に伴う地番の変更及び土地改良事業又は土地区画整理事業の施行に伴う地番の変更を含む。）に伴う登記事項の変更について、登録免許税の免除（非課税）を受けるためには（登免税法5条5号）、当該変更の登記が行政区画、郡、区、市町村内の町若しくは字又はこれらの名称の変更に伴って受けるものであることを証する当該変更に係る市町村長（特別区の区長を含む。）又は土地改良事業若しくは土地区画整理事業の施行者の書類（非課税証明書）の提供を要する（登免税法施行規則1条2号）。

① 　変更の登記と更正の登記とは別個の区分に属するので、例えば、住所移転及び氏名の錯誤による登記名義人の住所変更及び氏名更正の登記を一の申請情報で申請する場合の登録免許税は、不動産1個につき2,000円となる。ただし、住所の錯誤及び住所の移転による登記名義人の住所更正及び変更の登記を一の申請情報で申請する場合の登録免許税は、不動産1個につき1,000円として取り扱って差し支えない（昭和42・7・26民事三発第794号第三課長依命通知記一の4イ）。

② 　共有持分を数回にわたって取得した者、及び共有者数人の氏名等の変更の登記を一の申請情報で申請する場合の登録免許税は、不動産1個につき1,000円で足りる（前掲昭和42年第三課長依命通知記一の4ロ）。

③ 　錯誤による住所の更正及び住居表示の実施による変更の登記、住所移転及び住居表示の実施による変更の登記を一の申請情報で申請する場合の登録免許税は、非課税であり、氏名の変更及び住居表示の実施による変更の登記を一の申請情報で申請する場合の登録免許

税は、不動産 1 個につき 1,000 円である（昭和 42・12・14 民事甲第 3447 号民事局長回答、昭和 43・1・11 民事三発第 39 号第三課長電報回答）。

④　国土調査の実施の際に土地の番号を変更したことによる住所変更の登記の登録免許税は、不動産 1 個につき 1,000 円である（昭和 43・3・12 民事三発第 235 号第三課長電報回答）。

⑤　登記名義人が、登記記録上の住所から他の住所に移転した後、当該移転後の住所について、区制施行等の地番変更を伴わない行政区画の変更が行われた場合の登記名義人の住所変更の登記を一の申請情報で申請するときの登記原因は、「年月日住所移転、年月日区制施行」とし、この場合に、当該変更登記の添付情報として、当該行政区画の変更に係る市区町村長等の証明書（登免税法施行規則 1 条 2 号）が提供されたときは、当該変更登記の登録免許税は、登免税法 5 条 5 号の規定により非課税である（平成 22・11・1 民二第 2759 号民事第二課長通知）。

⑥　墓地の所有権の登記名義人の住所変更の登記についても、登免税法 5 条 10 号（墳墓地に関する登記）の適用があり、非課税である（登記研究 260 号 68 頁）。

　　固定資産評価証明書の現況地目が雑種地であっても、登記記録の地目が墓地である場合は、登免税法 5 条 10 号の適用があるが（登記研究 519 号 189 頁）、固定資産評価証明書の現況地目が墓地であり、固定資産税が非課税とされていても、登記記録の地目が墓地でないときは、同号の適用はない（登記研究 820 号 125 頁）。

⑦　「年月日土地の名称（又は地番）変更につき年月日住所更正」の旨の記載がある住所証明書を、登免税法 5 条 5 号該当の非課税証明書として取り扱って差し支えない（登記研究 282 号 73 頁）。

3　添付情報

(1)　公務員が職務上作成した情報

　　登記名義人の氏名若しくは名称又は住所についての変更又は更正の

登記申請には、添付情報として、当該登記名義人の氏名若しくは名称又は住所について変更又は錯誤若しくは遺漏があったことを証する市区町村長、登記官その他の公務員が作成した情報（公務員が職務上作成した情報がない場合にあっては、これに代わるべき情報）の提供を要するものとされている（令別表 23 項添付情報欄）。

　具体的には、改氏・改名については戸籍謄抄本、戸籍事項証明書が該当するが、登記名義人の本籍と住所が異なるときは、戸籍上の改氏者と登記名義人との同一性を証するために、住民票の写しをも提供するのが登記実務の取扱いであり、住民票の記載で改氏・改名の事項が明らかである場合には、戸籍謄抄本の提供は要しないとされている（昭和 40・9・24 民事甲第 2824 号民事局長回答）。

　また、個人の住所の移転については住民票の写し、戸籍の附票の写し、印鑑証明書、前住所地の住民票の除票等を提供し、法人の商号若しくは名称の変更又は住所の移転については当該法人の登記事項証明書等を提供する。

　なお、申請情報として、個人が住民票コード（住基法 7 条 13 号）を提供したとき、若しくは会社法人等番号を有する法人が当該会社法人等番号を提供したときは、住所の変更を証する情報の提供は要しない（令 9 条、規則 36 条 4 項）。

　ところで、平成 24 年 7 月 9 日に外国人登録法が廃止されたことに伴い、外国人登録証明書及び外国人登録原票の制度が廃止された。これに伴い、平成 21 年法律第 77 号の住民基本台帳法の一部を改正する法律による改正後の住民基本台帳法により、中長期在留者（出入国管理及び難民認定法 19 条の 3 に規定する中長期在留者）及び特別永住者（日本国との平和条約に基づき日本の国籍を離脱した者等の出入国管理に関する特例法 3 条に定める特別永住者）を含む一定の在留資格を有する外国人についても、日本国民と同様に住民票が作成され、その写しが交付されることとなったことから、同日以降は、これらの外国人について氏名等の変更の登記又は更正の登記等を申請する場合にも、必ず住民票の写しを提供することを要することとなった。

　　ただし、平成 24 年 7 月 9 日以降に中長期在留者及び特別永住者を含む一定の在留資格を有する外国人について交付される上記の住民票には、当該外国人の同日以降の住所のみが記載される。そのため、当該外国人が、登記記録上の住所から同日現在までの間に転居を繰り返している場合、当該住民票のみでは、その転居の履歴を確認することができない。

　　一方、平成 24 年 7 月 9 日以降、市区町村長は、管理している外国人登録原票を速やかに法務大臣へ送付しなければならないとされている。そこで、同日以降に、外国人登録原票の写しが必要となったような場合には、行政機関の保有する個人情報の保護に関する法律の規定により法務省から開示された外国人登録原票、又は各市区町村における個人情報保護条例等の規定に基づき同日以降に市区町村が行った旧登録原票（写しを含む。）の情報に基づく行政証明に係る書類をもって、転居の履歴を確認する情報として取り扱うことができるものとされている。

　　また、平成 24 年 7 月 9 日前に発行された外国人登録原票の写し又はその記載事項証明書については、外国人登録法の廃止に伴いその根拠を失ったものであること、法務大臣への返送義務もないことなどから、現在の住所を証する情報として取り扱うことは相当ではないものの、同月 8 日までの転居の履歴を証する情報として取り扱うことは差し支えないものと考えられるが、一部の市区町村においては、同月 9 日以後も、行政証明として、旧外国人登録原票の記載事項に関する証明書が発行されていることから、当該証明書に外国人の住所の移転の履歴及びその移転日が記載されている場合には、当該証明書を当該外国人の住所の変更を証する公務員が職務上作成した情報として取り扱うことができるとされている（登記研究 779 号 123 頁）。

(2)　**これに代わるべき情報**

　　公務員が職務上作成した情報がない場合のこれに代わるべき情報としては、申請人が中長期在留者又は特別永住者以外の外国人である場合の当該外国人の本国の政府機関等が発行した当該本国における住所

の証明書、若しくは日本における当該外国人の本国の在外公館が発行した日本の住所の記載がある在留証明書等が該当する。

　また、登記名義人の氏名等の更正の登記を申請するに当たって、除住民票若しくは戸籍の附票等の錯誤を証する情報が提供できない場合に、登記名義人の権利に関する登記済証によって、その錯誤が明らかとなるときは、当該登記済証を錯誤を証する情報として取り扱って差し支えないとするのが、登記実務における取扱いであり、登記識別情報（法 21 条）についても、その通知書には、登記名義人の住所及び氏名が記載されていることから、登記済証と同様に、錯誤を証する情報として取り扱って差し支えないと考えられる。

　一方、登記が完了したことを申請人に通知するための登記完了証（規則 181 条）については、登記名義人となる申請人の住所及び氏名は記載されない。したがって、当該登記完了証を錯誤を証する情報として取り扱うことは相当でないと考えられる。

　なお、登記実務においては、従来から、錯誤を証する情報として、登記記録に記録された住所に登記名義人が居住していないこと、並びに、本籍も有していないことの証明書（いわゆる不在住・不在籍証明書）を提供することが認められている。

　従前、除住民票（住基法施行令 8 条、8 条の 2、10 条、12 条 3 項）又は全部が消除された戸籍の附票（同施行令 19 条）並びに改製前の住民票（同施行令 13 条の 2）又は戸籍の附票（同施行令 18 条）の保存期間は 5 年間とされており、住所を移転してから 5 年経過すると、前住所の住民票等の写しの交付を受けることができず、したがって、住所の変更の登記又は更正の登記に、変更又は更正を証する情報を提供することができなかった。そこで、このような場合の便宜的な取扱いとして、不在住・不在籍証明書を提供することが認められたものであるが、令和元年政令第 26 号による同施行令の改正で、その保存期間が 150 年（同施行令 34 条 1 項）に延長されたことから、今後は、不在住・不在籍証明書の提供を要する事例は、解消するものと考えられる。

(3)　代理権限を証する情報

　　前掲 2(5)（152 頁）の相続による胎児名義の登記の氏名及び住所の変更の登記は、出生子の母が法定代理人として申請することになるから、その代理権限を証する情報（令 7 条 1 項 2 号）として、戸籍謄本又は抄本の提供を要するが、出生子の氏名及び住所の変更を証する情報（登記原因証明情報）として、市区町村長が職務上作成した戸籍謄本又は抄本及び住民票の写しを提供することになるので、当該戸籍謄本又は抄本は、出生子の法定代理人である母の資格を証する情報（資格証明書）を兼ねることができる。

　　また、前掲 2(6)（153 頁）の所有権の登記名義人の死亡による相続財産法人名義への変更の登記は、相続財産清算人が、相続財産法人の代理人として申請することになるので（民 953 条、28 条）、申請代理人である相続財産清算人の代理権限を証する情報として、家庭裁判所の選任書の提供を要する。なお、当該選任書の主文又は理由中に、相続人の不存在の場合の相続財産清算人であること及び当該所有権の登記名義人（被相続人）の死亡の年月日が表示されているときは、登記原因証明情報を兼ねることができる。

第 2 節　変更又は更正の登記の申請手続（書式）

第 1　変更の登記

書式 1　所有権の登記名義人が住所（又は本店）を移転した場合

　自然人（個人）の住所の変更は、生活の本拠を移転することにより生じ、法人の住所の変更は、本店（主たる事務所）の移転によって生じる。

　この書式は、所有権の登記名義人が住所を移転したため、住所変更の登記を申請する場合の記載例である。

　所有権の登記名義人の住所について変更があったときは、当該所有権の登記名義人は、その変更があった日から 2 年以内に、住所についての変更の登記を申請しなければならず（改正法 76 条の 5）、正当な理由がないのにその申請を怠ったときは、5 万円以下の過料に処せられる（改正法 164 条 2 項）。改正法 76 条の 5 の申請義務に係る規定及び 164 条 2 項の過料に係る規定は、令和 8 年 4 月 1 日から施行することとされている。

　なお、登記名義人の住所の変更が、政令指定都市の区制施行、「村」から「町」への変更、行政区画のみの変更など、「行政区画又はその名称」若しくは「字又はその名称」の変更による場合には、住所変更の登記を申請する必要はない。

【登記申請書】

＊受付番号票をはり付ける部分

登 記 申 請 書

登記の目的　　何番所有権登記名義人住所変更（**注1**）

原　　　因　　令和何年何月何日住所移転（又は本店移転）（**注2**）

変更後の事項　住所（又は本店）　何市何町一丁目2番3号（**注3**）

申　請　人　　何市何町一丁目2番3号

　　　　　　　（住民票コード　12345678901）

　　　　　　　　　甲　　　　某（**注4**）

添 付 書 類

　　登記原因証明情報（**注5**）　　会社法人等番号又は資格証明書（**注6**）

　　代理権限証書（**注7**）

その他の事項

　　登記所での登記完了証の交付及び原本の還付を希望する（**注8**）

又は

　　登記完了証の交付及び原本の還付は送付の方法によることを希望する（**注8**）

　　送付先　申請人又は代理人の住所又は事務所宛て（**注9**）

令和何年何月何日申請（**注10**）　　何法務局何支局（出張所）（**注11**）

代　理　人　　何市何町何丁目何番地

　　　　　　　　　何　　　　某㊞（**注12**）

　　　　　　　連絡先の電話番号○○－○○○○－○○○○（**注13**）

登録免許税　　金2,000円（**注14**）

不動産の表示（**注15**）

　　不動産番号　1234567890123（**注16**）

　　所　　　在　何市何町一丁目

　　地　　　番　23番

　　地　　　目　宅地

```
地　　　積　　　123.45 平方メートル


不動産番号　　　0123456789012（注16）
所　　　在　　　何市何町一丁目 23 番地
家 屋 番 号　　　23 番
種　　　類　　　居宅
構　　　造　　　木造かわらぶき 2 階建
床 面 積　　　1 階　50.15 平方メートル
　　　　　　　　2 階　38.74 平方メートル
```

（**注1**）　登記の目的（令 3 条 5 号）は、所有権の登記名義人の住所移転
（又は本店移転）による変更の登記であるから、変更する所有権の登記
を順位番号で特定して、「何番所有権登記名義人住所変更」と記載する。

（**注2**）　登記原因及びその日付（令 3 条 6 号）として、（**注5**）の登記原因
証明情報に表示されている住所移転（又は本店移転）の日及び住所移
転（又は本店移転）の旨を記載する。

（**注3**）　変更後の事項として、変更後の住所（又は本店）を記載する（令
別表 23 項申請情報欄、改正令別表 23 項申請情報欄イ（令和 6 年 4 月
1 日施行））。この記載は、（**注5**）の登記原因証明情報の表示と合致し
ていなければならない（法 25 条 8 号）。

　　なお、令和 6 年 4 月 1 日からは、所有権の登記名義人の住所につい
ての変更の登記を申請する場合において、申請情報として、所有権の
登記名義人が法人であるときは法人識別事項の提供を、また、変更後
の所有権の登記名義人の住所が国内にないときは国内連絡先事項の提
供を要する（改正令別表 23 項申請情報欄ロ・ハ。法人識別事項及び国
内連絡先事項に関する添付情報については、法務省令（不動産登記規
則）において定められる。）。

（**注4**）　申請人（法 64 条 1 項）として、登記記録に記録されている所有権
の登記名義人の氏名又は名称及び変更後の住所を記載し（令 3 条 1 号）、
申請人が会社等の法人の場合には、その代表者の氏名をも記載する
（同条 2 号）。この氏名又は名称の記載は、登記記録の所有権の登記名

義人の記録と合致していなければならない。また、住所の記載は（**注5**）の登記原因証明情報の表示と合致していなければならない（法25条4号・8号）。申請人が代理人を選任しないで自ら申請するときは、申請人の氏名（法人の場合は代表者の氏名）の次に押印する（令16条1項）。なお、申請人が、個人の場合は住民票コード（住基法7条13号）を、法人の場合は会社法人等番号を申請情報として記載することができる（規則36条4項）。

(**注5**)　登記原因証明情報（法61条）として、住所の変更（又は本店移転）があったことを証する市区町村長、登記官その他の公務員が職務上作成した情報を提供する（令別表23項添付情報欄）。通常、個人の場合は住民票の写しを、また、会社等の法人の場合は、当該法人の登記事項証明書等を提供することになるが、数回にわたり市区町村（又は管轄登記所）を異にして住所（又は本店）を変更している場合には、変更前の住所地の証明書の提供を要し、個人の場合は、事案によって、戸籍の附票の写し（本籍地の市区町村長が証明したもの）等の提供を要することもある。ただし、住民票コード又は会社法人等番号を申請情報として記載し、その住民票コード又は会社法人等番号により現在の住所又は本店及び住所変更又は本店移転のあったことが確認できるときは、現住所又は現本店及び住所変更又は本店移転を証する情報の提供は要しない（令9条、規則36条4項）。

(**注6**)　申請人が会社等の法人の場合で、会社法人等番号を有する法人にあっては当該法人の会社法人等番号を（令7条1項1号イ）、それ以外の法人にあっては当該法人の代表者の資格を証する情報を提供する（同号ロ）。ただし、申請人が会社法人等番号を有する法人であって、当該法人の代表者によって登記の申請をする場合に当該法人の代表者の資格を証する登記事項証明書（代表者事項証明書。商業登記規則30条1項4号）を提供したとき（規則36条1項1号）、若しくは支配人等（支配人その他の法令の規定により法人を代理することができる者であって、その旨の登記がされているもの。以下同じ。）によって登記の申請をする場合に当該支配人等の権限を証する登記事項証明書（現在事項一部証明書。商業登記規則30条2項）を提供したとき（規則

36条1項2号）は、当該法人の会社法人等番号の提供は、要しない
（同条1項柱書）。

　なお、当該登記事項証明書は、いずれも作成後3か月以内のもので
なければならない（同条2項）。また、会社法人等番号を有しない法人
が提供する当該法人の代表者の資格を証する情報が書面であって、登
記官その他の公務員が職務上作成したものであるときは、作成後3か
月以内のものでなければならない（令17条1項）。

　申請人の会社法人等番号を提供するときは、申請人の名称（令3条
1号）に続けて表示することで差し支えない（平成27・10・23民二第
512号民事局長通達2⑴ア㈠）。

（注7）　申請人が代理人によって登記を申請するときは、その代理権限を
証する情報〔委任状。別記様式参照〕を提供する（令7条1項2号）。
この情報が書面であって、登記官その他の公務員が職務上作成したも
のであるときは、作成後3か月以内のものでなければならない（令17
条1項）。ただし、申請人が会社法人等番号を有する法人であって、支
配人等が当該法人を代理して登記の申請をする場合は、当該代理人の
代理権限を証する情報の提供を要しない（規則36条3項）。

　なお、法人（司法書士法人、弁護士法人）である代理人によって登
記の申請をする場合において、当該代理人の会社法人等番号を提供し
たときは、当該会社法人等番号の提供をもって、当該代理人の代表者
の資格を証する情報の提供に代えることができる（規則37条の2）。

（注8）　登記所において登記完了証の交付及び添付書面の原本の還付を希
望する場合、又は送付の方法によることを希望する場合は、その旨を
申請情報の内容としなければならない（規則182条2項、55条6項）。

（注9）　登記完了証の交付及び添付書面の原本の還付を送付の方法による
ことを希望する場合は、送付先として、申請人又は代理人の住所又は
事務所を記載する（規則182条2項、55条6項）。

　登記完了証及び添付書面の原本の還付の送付は、「書留郵便等」の方
法によることとされ（規則182条3項、55条7項）、その送付に要す
る費用を郵便切手等で提出しなければならない（規則182条3項、55
条8項）。

(注10)　登記を申請する日、すなわち、申請書を登記所に提出する日を記載する（規則34条1項7号）。

(注11)　登記を申請する不動産を管轄する登記所の表示として、法務局若しくは地方法務局若しくはこれらの支局又はこれらの出張所を記載する（規則34条1項8号）。

(注12)　申請人が代理人によって登記を申請するときは、その代理人の氏名又は名称及び住所並びに代理人が法人の場合は代表者の氏名を記載し（令3条3号）、記名押印する（令16条1項）。ただし、代理人が申請書に署名したときは記名押印を要しない（規則47条1号）。この記載は、**(注7)**の代理権限を証する情報（委任状）の受任者の記載と合致していなければならない（法25条4号）。

(注13)　申請情報の内容に補正すべき点がある場合に、登記所の担当者から申請人又は代理人に連絡するための連絡先の電話番号その他の連絡先を記載する（規則34条1項1号）。

(注14)　登録免許税額を記載する（規則189条1項）。この金額は、不動産1個につき1,000円とされている（登免税法別表第1・1・(14)）。

(注15)　不動産の表示として、土地の場合は、当該土地の所在する市、区、郡、町、村及び字、地番、地目及び地積を記載し、建物の場合は、当該建物の所在する市、区、郡、町、村、字及び土地の地番、家屋番号、種類、構造及び床面積等を記載する（令3条7号・8号）。これらの記載は、登記記録の記録と合致していなければならない（法25条6号）。

(注16)　不動産を識別するための番号（不動産番号。法27条4号、規則90条）を記載したときは、**(注15)**の土地の所在、地番、地目及び地積、建物の所在、家屋番号、種類、構造及び床面積等の記載を省略することができる（令6条1項1号・2号）。

〔別記様式〕

委　任　状

何市何町何番地
何　　某

　私は、上記の者を代理人と定め、下記登記申請に関する一切の権限を委任します。

記

1　物件の表示　　後記のとおり
2　登記の目的　　所有権登記名義人住所変更
3　登記原因及びその日付　　令和何年何月何日住所移転
4　変更後の住所　　何市何町一丁目2番3号

　令和何年何月何日

何市何町一丁目2番3号
甲　　某　㊞

物件の表示
　　所　　　在　　何市何町一丁目
　　地　　　番　　23番
　　地　　　目　　宅地
　　地　　　積　　123.45平方メートル

　　所　　　在　　何市何町一丁目23番地
　　家 屋 番 号　　23番
　　種　　　類　　居宅
　　構　　　造　　木造かわらぶき2階建
　　床 面 積　　1階　50.15平方メートル
　　　　　　　　　2階　38.74平方メートル

〔記録例618〕住所移転

権　利　部　　　（甲区）　　（所有権に関する事項）			
順位番号	登　記　の　目　的	受付年月日・受付番号	権　利　者　そ　の　他　の　事　項
付記何号	何番登記名義人住所変更	令和何年何月何日第何号	原因　令和何年何月何日住所移転 住所　何市何町一丁目2番3号

（注）　変更前の住所を抹消する記号（下線）を記録する。

※以下参考

〔記録例627〕共有者の一人の住所の更正

権　利　部　　　（甲区）　　（所有権に関する事項）			
順位番号	登　記　の　目　的	受付年月日・受付番号	権　利　者　そ　の　他　の　事　項
付記何号	何番登記名義人住所更正	令和何年何月何日第何号	原因　錯誤 共有者甲某の住所　何市何町何番地

（注）　更正前の共有者の住所を抹消する記号（下線）を記録する。

〔記録例629〕変更の登記後の住所移転

権　利　部　　　（甲区）　　（所有権に関する事項）			
順位番号	登　記　の　目　的	受付年月日・受付番号	権　利　者　そ　の　他　の　事　項
付記1号	何番登記名義人住所変更	令和何年何月何日第何号	原因　令和何年何月何日住所移転 住所　何市何町何番地
付記2号	何番登記名義人住所変更	令和何年何月何日第何号	原因　令和何年何月何日住所移転 住所　何市何町何番地

（注）　変更前の住所を抹消する記号（下線）を記録する。

書式 2　所有権の登記名義人が氏名及び住所を変更した場合

　自然人（個人）の氏名の変更は、改氏・改名によって生じる。改氏は、婚姻、離婚、養子縁組、離縁、婚姻又は縁組の取消し等の身分行為に伴って生じるほか、戸籍法 107 条の規定による家庭裁判所の許可を得て氏を変更した場合にも生じる。また、改名は、戸籍法 107 条の 2 の規定により家庭裁判所の許可を得て名を変更した場合に生じる。

　この書式は、所有権の登記名義人が婚姻により氏を変更し、併せて、住所を移転したため、氏名及び住所の変更の登記を申請する場合の記載例である。

　所有権の登記名義人の氏名又は住所について変更があったときは、当該所有権の登記名義人は、その変更があった日から 2 年以内に、氏名又は住所についての変更の登記を申請しなければならず（改正法 76 条の 5）、正当な理由がないのにその申請を怠ったときは、5 万円以下の過料に処せられる（改正法 164 条 2 項）。改正法 76 条の 5 の申請義務に係る規定及び 164 条 2 項の過料に係る規定は、令和 8 年 4 月 1 日から施行することとされている。

【登記申請書】

```
┌─────────────────────────────────────────────────────────────┐
│          ┌────────────────────────────────────┐             │
│          │   ＊受付番号票をはり付ける部分      │             │
│          └────────────────────────────────────┘             │
```

登　記　申　請　書

登記の目的　　何番所有権登記名義人住所、氏名変更（**注1**）

原　　　因　　令和何年何月何日氏名変更（**注2**）

　　　　　　　令和何年何月何日住所移転（**注2**）

変更後の事項　氏名住所　　何市何町一丁目2番3号

　　　　　　　　　　甲　　　　　某（**注3**）

申　請　人　　何市何町一丁目2番3号

　　　　　　　（住民票コード　12345678901）

　　　　　　　　　　甲　　　　　某（**注4**）

添　付　書　類

　　登記原因証明情報（**注5**）　　代理権限証書（**注6**）

その他の事項

　　登記所での登記完了証の交付及び原本の還付を希望する（**注7**）

　┌──┐
　│　又は   │
　│　　登記完了証の交付及び原本の還付は送付の方法によることを希望す│
　│　る（**注7**）   │
　│　　送付先　申請人又は代理人の住所又は事務所宛て（**注8**）   │
　└──┘

令和何年何月何日申請（**注9**）　　何法務局何支局（出張所）（**注10**）

代　理　人　　何市何町何番地

　　　　　　　　　　何　　　　　某㊞（**注11**）

　　　　　　　連絡先の電話番号○○－○○○○－○○○○（**注12**）

登録免許税　　金1,000円（**注13**）

不動産の表示（**注14**）

　　不動産番号　　1234567890123（**注15**）

　　所　　　在　　何市何町一丁目

　　地　　　番　　23番

```
地　　　目　　宅地
地　　　積　　123.45 平方メートル
```

（**注1**）　登記の目的（令3条5号）は、所有権の登記名義人の婚姻による
氏の変更、及び住所移転による変更の登記であるから、変更する所有
権の登記を順位番号で特定して、「何番所有権登記名義人住所、氏名変
更」と記載する。

（**注2**）　婚姻、離婚その他の原因によって氏名を変更した場合の登記原因
は、すべて「氏名変更」と記載することとされているので（平成21・
2・20民二第500号民事局長通達）、登記原因及びその日付（令3条6
号）は、（**注5**）の登記原因証明情報に表示されている氏名変更の日及
び氏名変更の旨を記載する。この場合の登記原因の日付は、戸籍法に
よる届出があった日であり、裁判上の離婚、離縁、縁組の取消し等の
場合は、当該裁判の確定の日である。また、住所変更の登記原因及び
日付は、（**注5**）の登記原因証明情報に表示されている住所移転の日及
び住所移転の旨を記載する。なお、登記原因の日付が同一のときは、
「令和何年何月何日氏名変更、住所移転」と連記することで差し支えな
い。

（**注3**）　変更後の事項として、変更後の氏名及び住所を記載する（令別表
23項申請情報欄、改正令別表23項申請情報欄イ（令和6年4月1日
施行））。この記載は、（**注5**）の登記原因証明情報の表示と合致してい
なければならない（法25条8号）。

　なお、令和6年4月1日からは、所有権の登記名義人の氏名又は住
所についての変更の登記を申請する場合において、変更後の所有権の
登記名義人の住所が国内にないときは、申請情報として、国内連絡先
事項の提供を要する（改正令別表23項申請情報欄ハ。国内連絡先事項
に関する添付情報については、法務省令（不動産登記規則）において
定められる。）。

（**注4**）　申請人（法64条1項）として、登記記録に記録されている所有権
の登記名義人の変更後の氏名及び住所を記載する（令3条1号）。これ

　らの記載は、（**注5**）の登記原因証明情報の表示と合致していなければ
ならない（法25条8号）。申請人が代理人を選任しないで自ら申請す
るときは、申請人の氏名の次に押印する（令16条1項）。なお、住民
票コード（住基法7条13号）を申請情報として記載することができる
（規則36条4項）。

（**注5**）　登記原因証明情報（法61条）として、氏名及び住所の変更があっ
たことを証する市区町村長、その他の公務員が職務上作成した情報を
提供する（令別表23項添付情報欄）。通常、戸籍謄本又は抄本若しく
は戸籍事項証明書及び住民票の写し（本籍の記載のあるもの）を提供
することになるが、数回にわたり市区町村を異にして住所を変更して
いる場合には、変更前の住所地の証明書の提供を要し、事案によって
は、戸籍の附票の写し（本籍地の市区町村長が証明したもの）等の提
供を要することもある。ただし、住民票コードを申請情報として記載
し、その住民票コードにより現在の住所及び住所変更のあったことが
確認できるときは、現住所及び住所変更を証する情報の提供を要しな
い（令9条、規則36条4項）。

（**注6**）　申請人が代理人によって登記を申請する場合は、その代理権限を
証する情報（委任状）を提供する（令7条1項2号）。この情報が書面
であって、市区町村長等の公務員が職務上作成したものであるときは、
作成後3か月以内のものでなければならない（令17条1項）。

　　なお、法人（司法書士法人、弁護士法人）である代理人によって登
記の申請をする場合において、当該代理人の会社法人等番号を提供し
たときは、当該会社法人等番号の提供をもって、当該代理人の代表者
の資格を証する情報の提供に代えることができる（規則37条の2）。

（**注7**）から（**注10**）　【書式1】の（**注8**）から（**注11**）参照。

（**注11**）　申請人が代理人によって登記を申請するときは、その代理人の氏
名又は名称及び住所並びに代理人が法人の場合は代表者の氏名を記載
し（令3条3号）、記名押印する（令16条1項）。ただし、代理人が申
請書に署名したときは記名押印を要しない（規則47条1号）。この記
載は、（**注6**）の代理権限を証する情報（委任状）の受任者の記載と合
致していなければならない（法25条4号）。

（注12）から（注14）　【書式1】の（注13）から（注15）参照。

（注15）　不動産を識別するための番号（不動産番号。法27条4号、規則
　　　　90条）を記載したときは、（注14）の土地の所在、地番、地目及び地
　　　　積、建物の所在、家屋番号、種類、構造及び床面積等の記載を省略す
　　　　ることができる（令6条1項1号・2号）。

〔記録例619〕氏名及び住所の変更

権　利　部	（甲区）	（所有権に関する事項）	
順位番号	登　記　の　目　的	受付年月日・受付番号	権　利　者　そ　の　他　の　事　項
付記何号	何番登記名義人 住所、氏名変更	令和何年何月何日 第何号	原因　令和何年何月何日氏名変更 　　　　令和何年何月何日住所移転 氏名住所　何市何町一丁目2番3号 　　　甲　某

（注）　変更前の氏名及び住所を抹消する記号（下線）を記録する。

※以下参考
〔記録例617〕氏名の変更

権　利　部	（甲区）	（所有権に関する事項）	
順位番号	登　記　の　目　的	受付年月日・受付番号	権　利　者　そ　の　他　の　事　項
付記何号	何番登記名義人 氏名変更	令和何年何月何日 第何号	原因　令和何年何月何日氏名変更 氏名　何　某

（注）　1　登記原因は、婚姻、離婚等その原因が何であっても「氏名変更」とする。
　　　　2　変更前の氏名を抹消する記号（下線）を記録する。

〔記録例 630〕住所を同じくする同名異人の共有者が併存する場合

権　利　部　　（甲区）　　（所有権に関する事項）			
順位番号	登　記　の　目　的	受付年月日・受付番号	権　利　者　そ　の　他　の　事　項
2	所有権移転	令和何年何月何日 第何号	原因　令和何年何月何日相続 共有者 　何市何町何番地 　持分2分の1 　甲　野　花　子 　何市何町何番地 　2分の1 　甲　野　一　郎
付記1号	2番登記名義人 生年月日表示	令和何年何月何日 第何号	共有者甲野花子の生年月日　平成 　何年何月何日生
3	甲野一郎持分全部 移転	令和何年何月何日 第何号	原因　令和何年何月何日相続 共有者 　何市何町何番地 　持分4分の1 　甲　野　花　子 　平成何年何月何日生 　何市何町何番地 　4分の1 　甲　野　二　郎

書式 3　商号（又は名称）変更の場合

　法人の名称の変更は、会社の商号等の変更、組織変更によって生じる。

　この書式は、所有権の登記名義人である会社の商号（又は法人の名称）を変更したため、名称変更の登記を申請する場合の記載例である。

　所有権の登記名義人の名称について変更があったときは、当該所有権の登記名義人は、その変更があった日から 2 年以内に、名称についての変更の登記を申請しなければならず（改正法 76 条の 5）、正当な理由がないのにその申請を怠ったときは、5 万円以下の過料に処せられる（改正法 164条 2 項）。改正法 76 条の 5 の申請義務に係る規定及び 164 条 2 項の過料に係る規定は、令和 8 年 4 月 1 日から施行することとされている。

【登記申請書】

```
┌─────────────────────────────────────────────────────────┐
│                                                         │
│        ┌ ─ ─ ─ ─ ─ ─ ─ ─ ─ ─ ─ ─ ─ ─ ─ ─ ─ ─ ┐        │
│        │   ＊受付番号票をはり付ける部分        │        │
│        └ ─ ─ ─ ─ ─ ─ ─ ─ ─ ─ ─ ─ ─ ─ ─ ─ ─ ─ ┘        │
```

登 記 申 請 書

登記の目的　　何番所有権登記名義人名称変更（注1）

原　　　因　　令和何年何月何日商号変更（又は名称変更）（注2）

変更後の事項　商号（又は名称）

　　　　　　　甲商会株式会社（又は一般社団法人甲）（注3）

申　請　人　　何市何町一丁目2番3号

　　　　　　　甲商会株式会社

　　　　　　　（会社法人等番号　0406-00-012345）

　　　　　　　代表取締役　何　　　　某（注4）

添 付 書 類

　　　登記原因証明情報（注5）　　会社法人等番号又は資格証明書（注6）

　　代理権限証書（注7）

その他の事項

　　登記所での登記完了証の交付及び原本の還付を希望する（注8）

┌───┐
│ 又は   │
│   登記完了証の交付及び原本の還付は送付の方法によることを希望す │
│ る（注8）   │
│   送付先　申請人又は代理人の住所又は事務所宛て（注9）   │
└───┘

令和何年何月何日申請（注10）　　何法務局何支局（出張所）（注11）

代　理　人　　何市何町何番地

　　　　　　　　　何　　　　某㊞（注12）

　　　　　　　連絡先の電話番号○○－○○○○－○○○○（注13）

登録免許税　　金1,000円（注14）

不動産の表示（注15）

　　不動産番号　1234567890123（注16）

　　所　　　在　　何市何町一丁目

```
地　　　番　　23 番
地　　　目　　宅地
地　　　積　　123.45 平方メートル
```

（注1）　　登記の目的（令3条5号）は、所有権の登記名義人の商号（又は
名称）の変更による登記であるから、変更する所有権の登記を順位番
号で特定して、「何番所有権登記名義人名称変更」と記載する。

（注2）　　登記原因及びその日付（令3条6号）として、**（注5）** の登記原因
証明情報に表示されている商号（又は名称）変更の日及び商号（又は
名称）変更の旨を記載する。

（注3）　　変更後の事項として、変更後の商号（又は名称）を記載する（令
別表 23 項申請情報欄、改正令別表 23 項申請情報欄イ（令和 6 年 4 月
1 日施行））。この記載は、**（注5）** の登記原因証明情報の表示と合致し
ていなければならない（法 25 条 8 号）。

　　なお、令和 6 年 4 月 1 日からは、所有権の登記名義人の名称につい
ての変更の登記を申請する場合において、所有権の登記名義人が法人
であるときは、申請情報として、法人識別事項の提供を要する（改正令
別表 23 項申請情報欄ロ。法人識別事項に関する添付情報については、
法務省令（不動産登記規則）において定められる。）。

（注4）　　申請人（法 64 条 1 項）として、登記記録に記録されている所有権
の登記名義人の変更後の商号（又は名称）及び登記記録の本店（又は主
たる事務所）の所在地（令3条1号）並びに代表者の氏名を記載する
（同条 2 号）。この本店（又は主たる事務所）の記載は、登記記録の所有
権の登記名義人の記録と合致していなければならない。また、商号（又
は名称）の記載は、**（注5）** の登記原因証明情報の表示と合致していな
ければならない（法 25 条 4 号・8 号）。申請人が代理人を選任しないで自
ら申請するときは、代表者の氏名の次に押印する（令 16 条 1 項）。なお、
会社法人等番号を申請情報として記載することができる（規則 36 条 4
項）。

（注5）　　登記原因証明情報（法 61 条）として、商号（又は名称）の変更が
あったことを証する当該法人の登記事項証明書等を提供する（令別表

23項添付情報欄）。

(注6)　申請人が、会社法人等番号を有する法人にあっては当該法人の会社法人等番号を（令7条1項1号イ）、それ以外の法人にあっては当該法人の代表者の資格を証する情報を提供する（同号ロ）。ただし、申請人が会社法人等番号を有する法人であって、当該法人の代表者によって登記の申請をする場合に当該法人の代表者の資格を証する登記事項証明書（代表者事項証明書。商業登記規則30条1項4号）を提供したとき（規則36条1項1号）、若しくは支配人等（支配人その他の法令の規定により法人を代理することができる者であって、その旨の登記がされているもの。以下同じ。）によって登記の申請をする場合に当該支配人等の権限を証する登記事項証明書（現在事項一部証明書。商業登記規則30条2項）を提供したとき（規則36条1項2号）は、当該法人の会社法人等番号の提供は、要しない（同条1項柱書）。

　なお、当該登記事項証明書は、いずれも作成後3か月以内のものでなければならない（同条2項）。また、会社法人等番号を有しない法人が提供する当該法人の代表者の資格を証する情報が書面であって、登記官その他の公務員が職務上作成したものであるときは、作成後3か月以内のものでなければならない（令17条1項）。

　申請人の会社法人等番号を提供するときは、申請人の名称（令3条1号）に続けて表示することで差し支えない（平成27・10・23民二第512号民事局長通達2(1)ア(ア)）。

(注7)　申請人が代理人によって登記を申請するときは、その代理権限を証する情報（委任状）を提供する（令7条1項2号）。この情報が書面であって、登記官その他の公務員が職務上作成したものであるときは、作成後3か月以内のものでなければならない（令17条1項）。ただし、申請人が会社法人等番号を有する法人であって、支配人等が当該法人を代理して登記の申請をする場合は、当該代理人の代理権限を証する情報の提供を要しない（規則36条3項）。

　なお、法人（司法書士法人、弁護士法人）である代理人によって登記の申請をする場合において、当該代理人の会社法人等番号を提供したときは、当該会社法人等番号の提供をもって、当該代理人の代表

　者の資格を証する情報の提供に代えることができる（規則 37 条の 2）。

(注8) から (注16)　【書式 1】の（注 8 ）から（注 16）参照。

〔記録例623〕商号変更及び本店移転

権　利　部　　　（甲区）　　　（所有権に関する事項）			
順位番号	登　記　の　目　的	受付年月日・受付番号	権　利　者　そ　の　他　の　事　項
付記何号	何番登記名義人 住所、名称変更	令和何年何月何日 第何号	原因　令和何年何月何日商号変更 　（又は名称変更） 　令和何年何月何日本店移転 商号（又は名称）本店（又は主た 　る事務所）　何市何町一丁目2番 　3号 　甲商会株式会社（又は一般社団 　法人甲）

（注）　変更前の商号及び本店の表示を抹消する記号（下線）を記録する。

※以下参考
〔記録例632〕所管換

権　利　部　　　（甲区）　　　（所有権に関する事項）			
順位番号	登　記　の　目　的	受付年月日・受付番号	権　利　者　そ　の　他　の　事　項
何	所有権移転	（事項省略）	原因　令和何年何月何日買収 所有者　建　設　省
付記1号	何番登記名義人 名称変更	令和何年何月何日 第何号	原因　令和何年何月何日所管換 所有者　財　務　省

（注）　変更前の所有者を抹消する記号（下線）を記録する。

書式 4　町名地番の変更による場合

　登記名義人の住所の変更は、行政区画、郡、区、市町村内の町若しくは字又はこれらの名称の変更（その変更に伴う地番の変更及び土地改良事業又は土地区画整理事業の施行に伴う地番の変更を含む。）によっても生じる。

　この書式は、所有権の登記名義人である共有者全員の住所が、町名及び地番の変更に伴って変更したため、住所変更の登記を申請する場合の記載例である。

　所有権の登記名義人の住所について変更があったときは、当該所有権の登記名義人は、その変更があった日から 2 年以内に、住所についての変更の登記を申請しなければならず（改正法 76 条の 5）、正当な理由がないのにその申請を怠ったときは、5 万円以下の過料に処せられる（改正法 164 条 2 項）。改正法 76 条の 5 の申請義務に係る規定及び 164 条 2 項の過料に係る規定は、令和 8 年 4 月 1 日から施行することとされている。

【登記申請書】

┌─────────────────────────────┐
│　　　　　＊受付番号票をはり付ける部分　　　　　│
└─────────────────────────────┘

登　記　申　請　書

登記の目的　　何番所有権登記名義人住所変更（**注1**）

原　　　因　　令和何年何月何日町名変更（**注2**）

　　　　　　　令和何年何月何日地番変更（**注2**）

変更後の事項　甲某及び乙某の住所　何市何町一丁目2番3号（**注3**）

申　請　人　　何市何町一丁目2番3号

　　　　　　　（住民票コード　12345678901）

　　　　　　　　　　甲　　　　某（**注4**）

　　　　　　　何市何町一丁目2番3号

　　　　　　　（住民票コード　23456789012）

　　　　　　　　　　乙　　　　某（**注4**）

添 付 書 類

　　登記原因証明情報（**注5**）　　　会社法人等番号又は資格証明書（**注6**）

　　代理権限証書（**注7**）

その他の事項

　　登記所での登記完了証の交付及び原本の還付を希望する（**注8**）

┌─────────────────────────────┐
│　又は　　　　　　　　　　　　　　　　　　　　　　│
│　　登記完了証の交付及び原本の還付は送付の方法によることを希望す│
│　る（**注8**）　　　　　　　　　　　　　　　　　　　│
│　　送付先　申請人又は代理人の住所又は事務所宛て（**注9**）　│
└─────────────────────────────┘

令和何年何月何日申請（**注10**）　　　何法務局何支局（出張所）（**注11**）

代　理　人　　何市何町何番地

　　　　　　　　　　何　　　　某㊞（**注12**）

　　　　　　　連絡先の電話番号○○－○○○○－○○○○（**注13**）

登録免許税　　登録免許税法第5条第5号（**注14**）

不動産の表示（**注15**）

```
不動産番号　　1234567890123（注16）
所　　　在　　何市何町一丁目
地　　　番　　23番
地　　　目　　宅地
地　　　積　　123.45平方メートル
```

（**注1**）　登記の目的（令3条5号）は、町名及び地番の変更に伴う所有権の登記名義人の住所の変更による登記であるから、変更する所有権の登記を順位番号で特定して、「何番所有権登記名義人住所変更」と記載する。

（**注2**）　登記原因及びその日付（令3条6号）として、変更に係る書類に記載されている町名及び地番の変更の日及び町名変更及び地番変更の旨を記載する。なお、変更の日付が同一のときは、「令和何年何月何日町名、地番変更」と連記することで差し支えない。

（**注3**）　変更後の事項として、変更後の住所を記載する（令別表23項申請情報欄、改正令別表23項申請情報欄イ（令和6年4月1日施行））。この記載は、（**注5**）の登記原因証明情報（変更に係る書類）の表示と合致していなければならない（法25条8号）。

　　　　なお、令和6年4月1日からは、所有権の登記名義人の住所についての変更の登記を申請する場合において、申請情報として、所有権の登記名義人が法人であるときは法人識別事項の提供を、また、変更後の所有権の登記名義人の住所が国内にないときは国内連絡先事項の提供を要する（改正令別表23項申請情報欄ロ・ハ。法人識別事項及び国内連絡先事項に関する添付情報については、法務省令（不動産登記規則）において定められる。）。

（**注4**）　【書式1】の（**注4**）参照。

（**注5**）　登記原因証明情報（法61条）として、変更の登記が行政区画、郡、区、市町村内の町若しくは字又はこれらの名称の変更に伴って受けるものであることを証する当該変更に係る市町村長（特別区の区長を含む。）又は土地改良事業若しくは土地区画整理事業の施行者の書類を提供する（令別表23項添付情報欄）。なお、この書類は、当該変更につ

いて、登録免許税の免除（登免税法5条5号）を受けるための非課税
証明書（登免税法施行規則1条2号）を兼ねることができる。

（注6）　【書式1】の（注6）参照。

（注7）　【書式3】の（注7）参照。

（注8）から（注13）　【書式1】の（注8）から（注13）参照。

（注14）　（注5）の町名地番の変更に伴う住所の変更であることを証する
市区町村長等の書類を提供したときは、登録免許税額は課されないの
で、免除の根拠となる法令の条項を記載する（規則189条2項）。

（注15）・（注16）　【書式1】の（注15）・（注16）参照。

〔記録例621〕　町名地番の変更

権　利　部　　　（甲区）	（所有権に関する事項）		
順位番号	登　記　の　目　的	受付年月日・受付番号	権　利　者　そ　の　他　の　事　項
何	所有権移転	令和何年何月何日 第何号	原因　令和何年何月何日売買 共有者 <u>何市何町何番地</u> 　持分2分の1 　甲　某 <u>何市何町何番地</u> 　2分の1 　乙　某
付記1号	何番登記名義人 住所変更	令和何年何月何日 第何号	原因　令和何年何月何日町名変更 　　　令和何年何月何日地番変更 共有者甲某及び乙某の住所　何市 何町一丁目2番3号

（注）　1　変更前の住所を抹消する記号（下線）を記録する。

　　　　2　さらに乙某又は甲某の住所が変更した場合には、順位2番付記1号の「乙某」
　　　　又は「甲某」を抹消する記号（下線）を記録する。

※以下参考

〔記録例 633〕地籍調査において地番を変更する処理をした場合にお
　　　　　　　ける土地の所有権の登記名義人の住所の変更

権　利　部　　（甲区）　　（所有権に関する事項）			
順位番号	登　記　の　目　的	受付年月日・受付番号	権　利　者　そ　の　他　の　事　項
付記1号	1番登記名義人住所変更	余　白	原因　令和何年何月何日地番変更 住所　何市何町何番地 国土調査による成果 令和何年何月何日付記

（注）　原因の日付は、当該住所地の土地の表題部の地番の変更の登記をした日を記録する。

書式5　数回にわたり移転した住所（又は本店）の中間を省略する変更の場合

　登記名義人の氏名等の変更の登記原因が、順次、数個生じた場合には、中間の変更の登記を省略して、登記記録上の表示から、直接、現在の表示に変更する登記を申請することが認められている。この場合、当該申請情報における「登記原因及びその日付」は、全ての変更の経過を記載する必要はなく、同種の変更事由が数個生じた場合は、その最終の事由のみを記載し、異種の変更事由が数個生じた場合には、各種類ごとに最終の事由を記載すれば足りる。このような取扱いは、登記名義人の氏名等に当初から錯誤又は遺漏があり、その更正の登記がされない間に、その氏名等について変更が生じた場合にも認められる。

　この書式は、所有権の登記名義人の住所（又は本店）が、数回にわたって移転したため、登記記録上の住所から、直接、現在の住所（又は本店）に変更する登記を申請する場合の記載例である。

　所有権の登記名義人の住所について変更があったときは、当該所有権の登記名義人は、その変更があった日から2年以内に、住所についての変更の登記を申請しなければならず（改正法76条の5）、正当な理由がないのにその申請を怠ったときは、5万円以下の過料に処せられる（改正法164条2項）。改正法76条の5の申請義務に係る規定及び164条2項の過料に係る規定は、令和8年4月1日から施行することとされている。

【登記申請書】

```
┌─────────────────────────────────────────────────┐
│         ＊受付番号票をはり付ける部分              │
│                                                   │
└─────────────────────────────────────────────────┘
```

登　記　申　請　書

登記の目的　　何番所有権登記名義人住所変更（**注1**）

原　　　因　　令和何年何月何日住所移転（又は本店移転）（**注2**）

変更後の事項　住所（又は本店）　　何市何町一丁目2番3号（**注3**）

申　請　人　　何市何町一丁目2番3号

　　　　　　　（住民票コード　12345678901）

甲　　　　　某（**注4**）

添 付 書 類

　　登記原因証明情報（**注5**）　　会社法人等番号又は資格証明書（**注6**）

　　代理権限証書（**注7**）

その他の事項

　　登記所での登記完了証の交付及び原本の還付を希望する（**注8**）

```
┌─────────────────────────────────────────────────┐
│ 又は                                              │
│    登記完了証の交付及び原本の還付は送付の方法による│
│  ことを希望する（注8）                            │
│    送付先　申請人又は代理人の住所又は事務所宛て（注9）│
└─────────────────────────────────────────────────┘
```

令和何年何月何日申請（**注10**）　　何法務局何支局（出張所）（**注11**）

代　理　人　　何市何町何番地

何　　　　　某㊞（**注12**）

　　　　　　　連絡先の電話番号○○－○○○○－○○○○（**注13**）

登録免許税　　金1,000円（**注14**）

不動産の表示（**注15**）

　　不動産番号　　1234567890123（**注16**）

　　所　　　在　　何市何町一丁目

　　地　　　番　　23番

　　地　　　目　　宅地

地　　　積　　123.45 平方メートル

（注1）　【書式1】の（注1）参照。

（注2）　登記原因及びその日付（令3条6号）として、（注5）の登記原因証明情報に表示されている最後の住所移転（又は本店移転）の日及び住所移転（又は本店移転）の旨を記載する。

（注3）　変更後の事項として、最後の住所（又は本店）を記載する（令別表23項申請情報欄、改正令別表23項申請情報欄イ（令和6年4月1日施行））。この記載は、（注5）の登記原因証明情報の表示と合致していなければならない（法25条8号）。

　　なお、令和6年4月1日から、所有権の登記名義人の住所についての変更の登記を申請する場合において、所有権の登記名義人が法人であるときは法人識別事項の提供を、また、変更後の所有権の登記名義人の住所が国内にないときは国内連絡先事項の提供を要する（改正令別表23項申請情報欄ロ・ハ。法人識別事項及び国内連絡先事項に関する添付情報については、法務省令（不動産登記規則）において定められる。）。

（注4）から（注16）　【書式1】の（注4）から（注16）参照。

書式6 氏名の更正及び数回にわたり移転した住所の中間を省略する変更の場合

　登記名義人の氏名等の変更の登記原因が、順次、数個生じた場合には、中間の変更の登記を省略して、登記記録上の表示から、直接、現在の表示に変更する登記を申請することが認められている。この場合、当該申請情報における「登記原因及びその日付」は、全ての変更の経過を記載する必要はなく、同種の変更事由が数個生じた場合は、その最終の事由のみを記載し、異種の変更事由が数個生じた場合には、各種類ごとに最終の事由を記載すれば足りる。このような取扱いは、登記名義人の氏名等に当初から錯誤又は遺漏があり、その更正の登記がされない間に、その氏名等について変更が生じた場合にも認められる。

　この書式は、所有権の登記名義人の氏名に錯誤があったところ、その更正の登記がされない間に、同人の住所が、数回にわたって移転したため、氏名の更正の登記と、登記記録上の住所から、直接、現在の住所に変更する登記を、一の申請情報によって申請する場合の記載例である。

　所有権の登記名義人の住所について変更があったときは、当該所有権の登記名義人は、その変更があった日から2年以内に、住所についての変更の登記を申請しなければならず（改正法76条の5）、正当な理由がないのにその申請を怠ったときは、5万円以下の過料に処せられる（改正法164条2項）。改正法76条の5の申請義務に係る規定及び164条2項の過料に係る規定は、令和8年4月1日から施行することとされている。

【登記申請書】

```
┌─────────────────────────────────────────────┐
│         ＊受付番号票をはり付ける部分          │
└─────────────────────────────────────────────┘


                   登　記　申　請　書

登　記　の　目　的　　何番所有権登記名義人住所、氏名変更、更正（注1）
原　　　　　　　因　　錯誤、令和何年何月何日住所移転（注2）
変更及び更正後の事項　氏名住所
　　　　　　　　　　　　何市何町一丁目2番3号（注3）
　　　　　　　　　　　　　甲　　　　某（注3）
申　　　請　　　人　　何市何町一丁目2番3号
　　　　　　　　　　　（住民票コード　12345678901）
　　　　　　　　　　　　　甲　　　　某（注4）
添　付　書　類
　　　登記原因証明情報（注5）　　代理権限証書（注6）
その他の事項
　　登記所での登記完了証の交付及び原本の還付を希望する（注7）
┌─────────────────────────────────────────────┐
│　又は                                          │
│　　登記完了証の交付及び原本の還付は送付の方法によることを希望す│
│　る（注7）                                      │
│　　送付先　申請人又は代理人の住所又は事務所宛て（注8）│
└─────────────────────────────────────────────┘
令和何年何月何日申請（注9）　　何法務局何支局（出張所）（注10）
代　理　人　　何市何町何番地
　　　　　　　　　何　　　　某㊞（注11）
　　　　　　　　　連絡先の電話番号○○－○○○○－○○○○（注12）
登録免許税　　金2,000円（注13）
不動産の表示（注14）
　　不動産番号　　1234567890123（注15）
　　所　　在　　何市何町一丁目
　　地　　番　　23番
```

190

```
地　　　目　　　宅地
地　　　積　　　123.45 平方メートル
```

（注1）　登記の目的（令3条5号）は、所有権の登記名義人の氏名の錯誤による更正の登記及び住所移転による変更の登記であるから、更正及び変更する所有権の登記を順位番号で特定し「何番所有権登記名義人住所、氏名変更、更正」と記載する。

（注2）　登記原因及びその日付（令3条6号）として、錯誤の旨並びに（**注5**）の登記原因証明情報に表示されている最後の住所移転の日及び住所移転の旨を記載する。

（注3）　変更及び更正後の事項として、正しい氏名と最後の住所を記載する（令別表23項申請情報欄、改正令別表23項申請情報欄イ（令和6年4月1日施行））。この記載は、（**注5**）の登記原因証明情報の表示と合致していなければならない（法25条8号）。

　　なお、令和6年4月1日からは、所有権の登記名義人の氏名又は住所についての変更の登記を申請する場合において、変更後の所有権の登記名義人の住所が国内にないときは、申請情報として、国内連絡先事項の提供を要する（改正令別表23項申請情報欄ハ。国内連絡先事項に関する添付情報については、法務省令（不動産登記規則）において定められる。）。

（注4）　申請人（法64条1項）として、登記記録に記録されている所有権の登記名義人の更正後の正しい氏名及び変更後の住所を記載する（令3条1号）。これらの記載は、（**注5**）の登記原因証明情報の表示と合致していなければならない（法25条4号・8号）。申請人が代理人を選任しないで自ら申請するときは、申請人の氏名（又は代表者の氏名）の次に押印する（令16条1項）。なお、住民票コード（住基法7条13号）を申請情報として記載することができる（規則36条4項）。

（注5）　登記原因証明情報（法61条）として、氏名の更正については、正しい氏名を証する情報として戸籍謄抄本及び住民票又は当該住所地には登記記録に記録された氏名に該当する者がいないことを証する情報（いわゆる不在籍・不在住証明書）等を提供する。また、住所の変更に

ついては、変更があったことを証する市区町村長その他の公務員が作成した住民票の写し等を提供するが（令別表23項添付情報欄）、事案によっては、変更前の住所地の証明書（除住民票の写し等）若しくは戸籍の附票の写し（本籍地の市区町村長が証明したもの）等の提供を要することもある。ただし、住民票コード（住基法7条13号）を申請情報として記載し、その住民票コードにより現在の住所及び住所変更のあったことが確認できるときは、現住所及び住所変更を証する情報の提供は要しない（令9条、規則36条4項）。

（注6）　【書式2】の（注6）参照。

（注7）から（注10）　【書式1】の（注8）から（注11）参照。

（注11）　【書式2】の（注11）参照。

（注12）　【書式1】の（注13）参照。

（注13）　登録免許税額を記載する（規則189条1項）。この金額は、不動産1個につき1,000円とされているが（登免税法別表第1・1・(14)）、変更の登記と更正の登記とは別個の区分に属するため、氏名の錯誤及び住所移転による登記名義人の氏名の更正及び住所変更の登記を一の申請情報で申請する場合の登録免許税額は、不動産1個につき2,000円である。

（注14）　【書式1】の（注15）参照。

（注15）　【書式2】の（注15）参照。

〔記録例625〕氏名の更正及び住所移転

権　利　部　　（甲区）　（所有権に関する事項）			
順位番号	登　記　の　目　的	受付年月日・受付番号	権　利　者　そ　の　他　の　事　項
付記何号	何番登記名義人住所、氏名変更、更正	令和何年何月何日第何号	原因　錯誤、令和何年何月何日住所移転 氏名住所　何市何町一丁目2番3号 　　　甲　某

（注）　更正前の氏名及び変更前の住所を抹消する記号（下線）を記録する。

※以下参考
〔記録例 626〕氏名の更正

権　利　部　　　（甲区）　　　（所有権に関する事項）			
順位番号	登　記　の　目　的	受付年月日・受付番号	権　利　者　そ　の　他　の　事　項
付記何号	何番登記名義人 氏名更正	令和何年何月何日 第何号	原因　錯誤 氏名　何　某

（注）　更正前の氏名を抹消する記号（下線）を記録する。

書式7　住居表示の実施による変更の場合

　住居表示に関する法律による住居表示の実施又は変更に伴って住居の表示が変更された場合、土地及び建物の所在地番について変更は生じないが、登記名義人の住所（又は本店）は変更されることになるので、所有権その他の権利の登記名義人は、住所（又は本店）の変更の登記を申請しなければならない。

　なお、登記名義人の住所移転による変更と住居表示の実施による変更の登記は、一の申請情報で申請することができ、この場合、最終の登記原因が住居表示の実施による変更であるときの登録免許税は、非課税である（昭和40・10・11民事甲第2915号民事局長回答）。また、錯誤による住所の更正及び住居表示の実施による変更の登記、住所移転及び住居表示の実施による変更の登記を一の申請情報で申請する場合の登録免許税は非課税であるが、氏名の変更及び住居表示の実施による変更の登記を一の申請情報で申請する場合の登録免許税は、不動産1個につき1,000円である（昭和42・12・14民事甲第3447号民事局長回答、昭和43・1・11民事三発第39号第三課長電報回答）。

　この書式は、所有権の登記名義人の住所（又は本店）が、住居表示の実施によって変更されたため、住居表示実施後の住所（又は本店）に変更する登記を申請する場合の記載例である。

　所有権の登記名義人の住所について変更があったときは、当該所有権の登記名義人は、その変更があった日から2年以内に、住所についての変更の登記を申請しなければならず（改正法76条の5）、正当な理由がないのにその申請を怠ったときは、5万円以下の過料に処せられる（改正法164条2項）。改正法76条の5の申請義務に係る規定及び164条2項の過料に係る規定は、令和8年4月1日から施行することとされている。

【登記申請書】

```
┌─────────────────────────────────────────────┐
│         ＊受付番号票をはり付ける部分          │
└─────────────────────────────────────────────┘
```

登　記　申　請　書

登記の目的　　何番所有権登記名義人住所変更（**注1**）

原　　　因　　令和何年何月何日住居表示実施（**注2**）

変更後の事項　住所（又は本店）　　何市何町一丁目2番3号（**注3**）

申　請　人　　何市何町一丁目2番3号

　　　　　　　（住民票コード　12345678901）

甲　　　　　某（**注4**）

添 付 書 類

　　登記原因証明情報（**注5**）　　会社法人等番号又は資格証明書（**注6**）

　　代理権限証書（**注7**）

その他の事項

　登記所での登記完了証の交付及び原本の還付を希望する（**注8**）

```
┌─────────────────────────────────────────────┐
│  又は                                         │
│    登記完了証の交付及び原本の還付は送付の方法によることを希望す │
│  る（注8）                                     │
│    送付先　申請人又は代理人の住所又は事務所宛て（注9）  │
└─────────────────────────────────────────────┘
```

令和何年何月何日申請（**注10**）　　　何法務局何支局（出張所）（**注11**）

代　理　人　　何市何町何番地

何　　　　　某㊞（**注12**）

　　　　　　　連絡先の電話番号○○－○○○○－○○○○（**注13**）

登録免許税　　登録免許税法第5条第4号（**注14**）

不動産の表示（**注15**）

　　不動産番号　　1234567890123（**注16**）

　　所　　在　　何市何町一丁目

　　地　　番　　23番

　　地　　目　　宅地

　　地　　積　　123.45平方メートル

（**注1**） 登記の目的（令3条5号）は、住居表示の実施に伴う所有権の登記名義人の住所（又は本店）の変更の登記であるから、変更する所有権の登記を順位番号で特定して、「何番所有権登記名義人住所変更」と記載する。

（**注2**） 登記原因及びその日付（令3条6号）として、（**注5**）の登記原因証明情報に表示されている住所表示実施の日及び住居表示実施の旨を記載する。

（**注3**） 変更後の事項として、住居表示実施後の住所（又は本店）を記載する（令別表23項申請情報欄、改正令別表23項申請情報欄イ（令和6年4月1日施行））。この記載は、（**注5**）の登記原因証明情報の表示と合致していなければならない（法25条8号）。

　　なお、令和6年4月1日からは、所有権の登記名義人の住所についての変更の登記を申請する場合において、所有権の登記名義人が法人であるときは、申請情報として、法人識別事項の提供を要する（改正令別表23項申請情報欄ロ。法人識別事項に関する添付情報については、法務省令（不動産登記規則）において定められる。）。

（**注4**） 【書式1】の（**注4**）参照。

（**注5**） 登記原因証明情報（法61条）として、当該変更の登記が住居表示の実施又は変更に伴って受けるものであることを証する当該実施又は変更に係る市町村長（特別区の区長を含む。）の書類を提供する（令別表23項添付情報欄）。なお、この書類は、当該変更について、登録免許税の免除（登免税法5条4号）を受けるための非課税証明書（登免税法施行規則1条1号）を兼ねることができる。

（**注6**） 【書式1】の（**注6**）参照。

（**注7**） 【書式2】の（**注6**）参照。

（**注8**）から（**注13**） 【書式1】の（**注8**）から（**注13**）参照。

（**注14**） （**注5**）の住居表示の実施又は変更に伴う住所の変更であることを証する市区町村長の書類を提供したときは、登録免許税は課されないので、免除の根拠となる法令の条項を記載する（規則189条2項）。

（**注15**）・（**注16**） 【書式1】の（**注15**）・（**注16**）参照。

〔記録例622〕住居表示に関する法律（昭和37年法律第119号）の
　　　　　　　実施

権　利　部　　　（甲区）　（所有権に関する事項）			
順位番号	登　記　の　目　的	受付年月日・受付番号	権　利　者　そ　の　他　の　事　項
付記何号	何番登記名義人 住所変更	令和何年何月何日 第何号	原因　令和何年何月何日住居表示 　　　実施 住所　何市何町一丁目2番3号

（注）　変更前の住所を抹消する記号（下線）を記録する。

※以下参考
〔記録例624〕住所移転後に住居表示に関する法律が実施された場合

権　利　部　　　（甲区）　　（所有権に関する事項）			
順位番号	登　記　の　目　的	受付年月日・受付番号	権　利　者　そ　の　他　の　事　項
付記何号	何番登記名義人 住所変更	令和何年何月何日 第何号	原因　令和何年何月何日住所移転 　　　令和何年何月何日住居表示実施 住所　何市何町何丁目何番何号

（注）　変更前の住所を抹消する記号（下線）を記録する。

書式7（変更）

書式8 相続人の一人である胎児が生きて生まれた場合

　胎児は、相続（民886条）、遺贈（民965条）等については、既に生まれたものとみなされ、生きて生まれることを前提に、権利能力が付与されている。登記実務においては、相続に関して、胎児を既生児として取り扱い、胎児名義での相続による登記を認め、この場合の当該胎児に係る登記名義は、「何某（母の氏名）胎児」として記録するものとされている（令和5・3・28民二第538号民事局長通達第3の2(1)）。

　胎児は、出生により氏を取得し（民790条）、出生の届出によって名を称することになるから（戸籍法49条1項・2項、29条4号）、相続により登記名義人として登記を受けた胎児については、氏名に変更が生じることになる。また、登記名義人である胎児の住所としては母の住所が登記されているが、出生により、住民として新たに住所が定められることになるから（住基法7条）、住所についても変更が生じることになる。

　この書式は、配偶者（妻）とその胎児を登記名義人とする共同相続の登記後に、胎児が生きて生まれたので、出生子の母が、法定代理人として、その氏名及び住所を変更する登記を申請する場合の記載例である。

　所有権の登記名義人の氏名又は住所について変更があったときは、当該所有権の登記名義人は、その変更があった日から2年以内に、氏名又は住所についての変更の登記を申請しなければならず（改正法76条の5）、正当な理由がないのにその申請を怠ったときは、5万円以下の過料に処せられる（改正法164条2項）。改正法76条の5の申請義務に係る規定及び164条2項の過料に係る規定は、令和8年4月1日から施行することとされている。

　なお、胎児が、死体で生まれた場合は、相続の登記について更正の登記をすることになる。当該更正の登記の申請は、胎児を登記義務者（胎児の母が法定代理人として申請する。）、胎児を除く他の相続人を登記権利者とする共同申請により、「登記の目的」（令3条5号）は「所有権更正」、「登記原因」（同条6号）は「錯誤」とすることになる。また、「更正後の登記事項」として、相続人の住所及び氏名が記録され、共同相続の場合には、各自の持分も記録されることになる（前掲令和5年民事局長通達別紙3の3、後掲記録例参照）。

【登記申請書】

```
┌─────────────────────────────────────────────────────────────┐
│                                                               │
│           ＊受付番号票をはり付ける部分                          │
│                                                               │
└─────────────────────────────────────────────────────────────┘
```

登　記　申　請　書

登記の目的　　何番所有権登記名義人住所、氏名変更（**注1**）

原　　　因　　令和何年何月何日出生（**注2**）

変更後の事項　共有者乙某胎児の氏名住所

　　　　　　　何市何町一丁目2番3号

　　　　　　　　　　甲　　　　　某（**注3**）

申　請　人　　何市何町一丁目2番3号

　　　　　　　（住民票コード　12345678901）

　　　　　　　　　　甲　　　　　某

　　　　　　　何市何町一丁目2番3号

　　　　　　　　上記未成年者につき親権者母

　　　　　　　　　　乙　　　　　某（**注4**）

添付書類

　　　登記原因証明情報（**注5**）　　資格証明書（**注6**）

　　　代理権限証書（**注7**）

その他の事項

　　　登記所での登記完了証の交付及び原本の還付を希望する（**注8**）

```
┌─────────────────────────────────────────────────────────────┐
│ 又は                                                           │
│    登記完了証の交付及び原本の還付は送付の方法によることを希望す   │
│ る（注8）                                                      │
│    送付先　申請人又は代理人の住所又は事務所宛て（注9）           │
└─────────────────────────────────────────────────────────────┘
```

令和何年何月何日申請（**注10**）　　何法務局何支局（出張所）（**注11**）

代　理　人　　何市何町何番地

　　　　　　　　　　何　　　　　某㊞（**注12**）

　　　　　　　　連絡先の電話番号○○－○○○○－○○○○（**注13**）

登録免許税　　金1,000円（**注14**）

不動産の表示（**注15**）

不動産番号		1234567890123（**注16**）
所　　在		何市何町一丁目
地　　番		23番
地　　目		宅地
地　　積		123.45平方メートル

（注1）　登記の目的（令3条5号）は、所有権の登記名義人（共有者）である胎児が生きて生まれたことによる氏名及び住所の変更の登記であるから、変更する所有権の登記を順位番号で特定して、「何番所有権登記名義人住所、氏名変更」と記載する。

（注2）　登記原因及びその日付（令3条6号）として、胎児の出生年月日及び出生の旨を記載する。

（注3）　変更後の事項として、胎児の出生後の氏名及び住所を記載する（令別表23項申請情報欄、改正令別表23項申請情報欄イ（令和6年4月1日施行））。この記載は、（**注5**）の登記原因証明情報の表示と合致していなければならない（法25条8号）。

（注4）　申請人（法64条1項）として、出生子の氏名及び住所を記載する（令3条1号）。この変更の登記は、生まれた子の法定代理人である母が申請することになるから、同人の資格並びに氏名及び住所を記載する。これらの記載は、（**注5**）の登記原因証明情報の表示及び（**注6**）の資格証明書の記載と合致していなければならない（法25条4号・8号）。法定代理人が登記申請の代理人を選任しないで自ら申請するときは、法定代理人の氏名の次に押印する（令16条1項）。なお、住民票コード（住基法7条13号）を申請情報として記載することができる（規則36条4項）。

（注5）　登記原因証明情報（法61条）として、出生子の出生事項の記載のある戸籍謄抄本及び住民票の写しを提供する（令別表23項添付情報欄）。なお、当該戸籍の謄抄本は、（**注6**）の出生子の法定代理人である母の資格を証する情報（資格証明書）を兼ねることができる。

（注6）　法定代理人である母の資格を証する情報として、母とその出生子

が記載されている戸籍謄抄本を提供する。この書面は、作成後3か月以内のものでなければならない（令17条1項）。

（注7） 申請人（法定代理人）が代理人によって登記を申請する場合は、その代理権限を証する情報（委任状）を提供する（令7条1項2号）。

なお、法人（司法書士法人、弁護士法人）である代理人によって登記の申請をする場合において、当該代理人の会社法人等番号を提供したときは、当該会社法人等番号の提供をもって、当該代理人の代表者の資格を証する情報の提供に代えることができる（規則37条の2）。

（注8）から（注11） 【書式1】の（注8）から（注11）参照。

（注12） 申請人（法定代理人）が代理人によって登記を申請するときは、その代理人の氏名又は名称及び住所並びに代理人が法人の場合は代表者の氏名を記載し（令3条3号）、記名押印する（令16条1項）。ただし、代理人が申請書に署名したときは記名押印を要しない（規則47条1号）。この記載は、（注7）の代理権限を証する情報（委任状）の受任者の記載と合致していなければならない（法25条4号）。

（注13）から（注16） 【書式1】の（注13）から（注16）参照。

〔令和5・3・28民二第538号民事局長通達別紙3の2〕胎児が生きて生まれた場合

権　利　部	（甲区）	（所有権に関する事項）	
順位番号	登　記　の　目　的	受付年月日・受付番号	権　利　者　そ　の　他　の　事　項
何	所有権移転	令和何年何月何日 第何号	原因　令和何年何月何日相続 共有者 　何市何町一丁目2番3号 　持分2分の1 　乙　某 　<u>何市何町一丁目2番3号</u> 　<u>2分の1</u> 　<u>乙　某　胎　児</u>
付記何号	何番登記名義人 住所、氏名変更	令和何年何月何日 第何号	原因　令和何年何月何日出生 共有者乙某胎児の氏名住所　何市 何町一丁目2番3号 　甲　某

（注）　変更前の氏名及び住所を抹消する記号（下線）を記録する。

書式8（変更）

※以下参考

〔令和5・3・28民二第538号民事局長通達別紙3の3〕胎児が死体で生まれた場合

権 利 部 （甲区）	（所有権に関する事項）		
順位番号	登 記 の 目 的	受付年月日・受付番号	権 利 者 そ の 他 の 事 項
3	所有権移転	令和何年何月何日第何号	原因　令和何年何月何日相続 共有者 　何市何町何番地 　持分2分の1 　乙　某 　何市何町何番地 　4分の1 　丙　某 　何市何町何番地 　4分の1 　乙　某　胎　児
付記1号	3番所有権更正	令和何年何月何日第何号	原因　錯誤 共有者 　何市何町何番地 　持分2分の1 　乙　某 　何市何町何番地 　2分の1 　丙　某

（注）　更正前の共有者を抹消する記号（下線）を記録する。

〔記録例195〕相続人不存在の場合で死亡時の住所と登記記録に記録されている住所とが同じとき

権 利 部 （甲区）	（所有権に関する事項）		
順位番号	登 記 の 目 的	受付年月日・受付番号	権 利 者 そ の 他 の 事 項
2	所有権移転	令和何年何月何日第何号	原因　令和何年何月何日相続 所有者　何市何町何番地 　甲　某
付記1号	2番登記名義人氏名変更	令和何年何月何日第何号	原因　令和何年何月何日相続人不存在 登記名義人　亡　甲　某　相　続　財　産

（注）　2番登記名義人の氏名を抹消する記号（下線）を記録する。

〔記録例 196〕相続人不存在の場合で死亡時の住所氏名と登記記録に
　　　　　　　記録されている住所氏名とが異なるとき

権　利　部　　（甲区）　　（所有権に関する事項）			
順位番号	登　記　の　目　的	受付年月日・受付番号	権　利　者　そ　の　他　の　事　項
2	所有権移転	令和何年何月何日 第何号	原因　令和何年何月何日相続 所有者　何市何町何番地 　　　甲　某
付記1号	2番登記名義人 住所、氏名変更	令和何年何月何日 第何号	原因　令和何年何月何日氏名変更 　　　令和何年何月何日住所移転 　　　令和何年何月何日相続人不存在 登記名義人　何市何町何番地 　　亡　乙　某　相　続　財　産

〔記録例 197〕相続人不存在の場合で被相続人の死亡後に住居表示が
　　　　　　　実施されたとき

権　利　部　　（甲区）　　（所有権に関する事項）			
順位番号	登　記　の　目　的	受付年月日・受付番号	権　利　者　そ　の　他　の　事　項
2	所有権移転	令和何年何月何日 第何号	原因　令和何年何月何日相続 所有者　何市何町何番地 　　　甲　某
付記1号	2番登記名義人 住所、氏名変更	令和何年何月何日 第何号	原因　令和何年何月何日相続人 　　　不存在 　　　令和何年何月何日住居表示実 　　　施 登記名義人　何市何町何丁目何 　　　番何号 　　亡　甲　某　相　続　財　産

書式9　所有権以外の権利の登記名義人の変更の場合

　この書式は、抵当権の登記名義人である抵当権者の会社の商号を変更したため、名称変更の登記を申請する場合の記載例である。

【登記申請書】

```
            ＊受付番号票をはり付ける部分


            登　記　申　請　書

登記の目的　　何番抵当権登記名義人名称変更（注1）
原　　　因　　令和何年何月何日商号変更（注2）
変更後の事項　商号　甲商会株式会社（注3）
申　請　人　　何市何町一丁目2番3号
　　　　　　　甲商会株式会社
　　　　　　　（会社法人等番号　0406-00-012345）
　　　　　　　代表取締役　何　　　　　某（注4）
添付書類
　　登記原因証明情報（注5）　　会社法人等番号又は資格証明書（注6）
　　代理権限証書（注7）
その他の事項
　　登記所での登記完了証の交付及び原本の還付を希望する（注8）

　　又は
　　　登記完了証の交付及び原本の還付は送付の方法によることを希望す
　　る（注8）
　　　送付先　申請人又は代理人の住所又は事務所宛て（注9）

令和何年何月何日申請（注10）　　何法務局何支局（出張所）（注11）
代　理　人　　何市何町何番地
　　　　　　　　　　何　　　　某㊞（注12）
　　　　　　　連絡先の電話番号○○－○○○○－○○○○（注13）
登録免許税　　金1,000円（注14）
不動産の表示（注15）
　　不動産番号　1234567890123（注16）
　　所　　在　　何市何町一丁目
　　地　　番　　23番
```

```
地　　　　目　　　宅地
地　　　　積　　　123.45 平方メートル
```

（注1）　登記の目的（令3条5号）は、抵当権の登記名義人の名称の変更
であるから、変更する抵当権の登記を順位番号で特定して、「何番抵当
権登記名義人名称変更」と記載する。なお、数個の不動産にされてい
る抵当権の登記を同時に変更する場合において、それらの順位番号が
異なるときは、「共同抵当権登記名義人名称変更（順位番号後記のとお
り）」と記載し、不動産の表示欄の末尾（地積又は床面積の次）に
「(順位何番)」と記載するか、又は変更する登記を、原因の記載の次行
に「変更すべき登記の表示」と記載して、受付年月日及び受付番号で
特定することで差し支えない。

（注2）　登記原因及びその日付（令3条6号）として、（**注5**）の登記原因
証明情報に表示されている商号変更の日及び商号変更の旨を記載する。

（注3）　変更後の事項として、変更後の商号を記載する（令別表23項申請
情報欄、改正令別表23項申請情報欄イ（令和6年4月1日施行））。こ
の記載は（**注5**）の登記原因証明情報の表示と合致していなければな
らない（法25条8号）。

（注4）　申請人（法64条1項）として、登記記録に記録されている抵当権
の登記名義人の変更後の商号及び登記記録の本店（令3条1号）並び
に代表者の氏名を記載する（同条2号）。この本店の記載は、登記記録
の抵当権の登記名義人の記録と合致していなければならない。また、
商号の記載は（**注5**）の登記原因証明情報の表示と合致していなけれ
ばならない（法25条4号・8号）。申請人が代理人を選任しないで自
ら申請するときは、代表者の氏名の次に押印する（令16条1項）。な
お、会社法人等番号を申請情報として記載することができる（規則36
条4項）。

（注5） から **（注7）**　【書式3】の（**注5**）から（**注7**）参照。

（注8） から **（注16）**　【書式1】の（**注8**）から（**注16**）参照。

第2　更正の登記

書式 10　住所更正の場合

　登記事項に錯誤又は遺漏があった場合に、当該登記事項を訂正する登記が、更正の登記である（法2条16号）。

　この書式は、所有権の登記名義人の住所が、錯誤により誤って登記されているため、これを正しい住所に更正する登記を申請する場合の記載例である。

【登記申請書】

```
┌─────────────────────────────────────────────┐
│        ＊受付番号票をはり付ける部分         │
└─────────────────────────────────────────────┘
```

登　記　申　請　書

登記の目的　　　何番所有権登記名義人住所更正（**注1**）

原　　　因　　　錯誤（**注2**）

更正後の事項　　住所　　何市何町一丁目2番3号（**注3**）

申　請　人　　　何市何町一丁目2番3号

　　　　　　　　（住民票コード　12345678901）

甲　　　　　某（**注4**）

添 付 書 類

　　登記原因証明情報（**注5**）　　代理権限証書（**注6**）

その他の事項

　　登記所での登記完了証の交付及び原本の還付を希望する（**注7**）

```
┌─────────────────────────────────────────────┐
│  又は                                        │
│    登記完了証の交付及び原本の還付は送付の方法によることを希望す │
│  る（注7）                                   │
│    送付先　申請人又は代理人の住所又は事務所宛て（注8）          │
└─────────────────────────────────────────────┘
```

令和何年何月何日申請（**注9**）　　何法務局何支局（出張所）（**注10**）

代　理　人　　　何市何町何番地

何　　　　　某㊞（**注11**）

　　　　　　　　連絡先の電話番号○○－○○○○－○○○○（**注12**）

登録免許税　　　金1,000円（**注13**）

不動産の表示（**注14**）

　　不動産番号　　0412345678901（**注15**）

　　所　　　在　　何市何町一丁目23番地

　　家 屋 番 号　　23番

　　種　　　類　　居宅

　　構　　　造　　木造かわらぶき平家建

床　面　積　　67.89 平方メートル

（**注1**）　登記の目的（令3条5号）は、誤って登記されている所有権の登記名義人の住所を正しい住所に更正する登記であるから、更正する所有権の登記を順位番号で特定して、「何番所有権登記名義人住所更正」と記載する。

（**注2**）　登記原因（令3条6号）として、錯誤と記載する。なお、その日付の記載は要しない。

（**注3**）　更正後の事項として、正しい住所を記載する（令別表23項申請情報欄、改正令別表23項申請情報欄イ（令和6年4月1日施行））。この記載は、（**注5**）の登記原因証明情報の表示と合致していなければならない（法25条8号）。

　　　　なお、令和6年4月1日からは、所有権の登記名義人の氏名又は住所についての更正の登記を申請する場合において、更正後の所有権の登記名義人の住所が国内にないときは、申請情報として、国内連絡先事項の提供を要する（改正令別表23項申請情報欄ハ。国内連絡先事項に関する添付情報については、法務省令（不動産登記規則）において定められる。）。

（**注4**）　申請人（法64条1項）として、登記記録に記録されている所有権の登記名義人の氏名及び更正後の正しい住所を記載する（令3条1号）。この氏名の記載は、登記記録の所有権の登記名義人の記録と合致していなければならない。また、住所の記載は、（**注5**）の登記原因証明情報の表示と合致していなければならない（法25条4号・8号）。申請人が代理人を選任しないで自ら申請するときは、申請人の氏名の次に押印する（令16条1項）。なお、住民票コード（住基法7条13号）を申請情報として記載することができる（規則36条4項）。

（**注5**）　登記原因証明情報（法61条）として、住所の更正を証する市区町村長が作成した住所票の写し又は戸籍の附票の写し等を提供する。また、登記記録の住所が誤りであることを証する情報として、登記記録に記載された住所に登記名義人が居住していないことを証する情報（いわゆる不在籍・不在住証明書）等を提供する（令別表23項添付情

報欄）。なお、住民票コード（住基法7条13号）を申請情報として記載し、その住民票コードにより現在の住所及び錯誤のあったことが確認できるときは、現住所及び錯誤があったことを証する情報の提供は要しない（令9条、規則36条4項）。

（注6）　【書式2】の（注6）参照。

（注7）から（注10）　【書式1】の（注8）から（注11）参照。

（注11）　【書式2】の（注11）参照。

（注12）から（注14）　【書式1】の（注13）から（注15）参照。

（注15）　【書式2】の（注15）参照。

※以下参考
〔記録例628〕住所及び氏名の更正

権　利　部　　　　（甲区）　　　（所有権に関する事項）			
順位番号	登　記　の　目　的	受付年月日・受付番号	権　利　者　そ　の　他　の　事　項
付記何号	何番登記名義人住所、氏名更正	令和何年何月何日第何号	原因　錯誤 氏名住所　何市何町何番地 　　何　某

（注）　更正前の住所及び氏名を抹消する記号（下線）を記録する。

〔記録例631〕住所の表示に錯誤があり、その後住所移転により住所が変更している場合

権　利　部　　　　（甲区）　　　（所有権に関する事項）			
順位番号	登　記　の　目　的	受付年月日・受付番号	権　利　者　そ　の　他　の　事　項
付記何号	何番登記名義人住所変更	令和何年何月何日第何号	原因　錯誤、令和何年何月何日住所移転 住所　何市何町何番地

（注）　変更前の住所を抹消する記号（下線）を記録する。

書式 11　商号（又は名称）の更正の場合

　登記事項に錯誤又は遺漏があった場合に、当該登記事項を訂正する登記
が、更正の登記である（法 2 条 16 号）。

　この書式は、所有権の登記名義人である会社の商号（又は法人の名称）
が、錯誤により誤って登記されているため、これを正しい商号（又は名
称）に更正する登記を申請する場合の記載例である。

【登記申請書】

＊受付番号票をはり付ける部分

登 記 申 請 書

登記の目的　　何番所有権登記名義人名称更正（**注1**）

原　　　因　　錯誤（**注2**）

更正後の事項　商号　　甲商会株式会社（**注3**）

申　請　人　　何市何町一丁目2番3号

　　　　　　　　　　甲商会株式会社（**注4**）

　　　　　　　　　　（会社法人等番号　0406-00-012345）

　　　　　　　　　　代表取締役　何　　　　某

添 付 書 類

　　登記原因証明情報（**注5**）　　会社法人等番号又は資格証明書（**注6**）

　　代理権限証書（**注7**）

その他の事項

　　登記所での登記完了証の交付及び原本の還付を希望する（**注8**）

又は

　　登記完了証の交付及び原本の還付は送付の方法によることを希望する（**注8**）

　　送付先　申請人又は代理人の住所又は事務所宛て（**注9**）

令和何年何月何日申請（**注10**）　　何法務局何支局（出張所）（**注11**）

代　理　人　　何市何町何番地

　　　　　　　　　　何　　　　某㊞（**注12**）

　　　　　　　　　　連絡先の電話番号○○-○○○○-○○○○（**注13**）

登録免許税　　金1,000円（**注14**）

不動産の表示（**注15**）

　　不動産番号　1234567890123（**注16**）

　　所　　在　　何市何町一丁目

　　地　　番　　23番

| 地 | 目 | 宅地 |
| 地 | 積 | 123.45 平方メートル |

（**注1**）　登記の目的（令 3 条 5 号）は、誤って登記されている所有権の登記名義人の商号（又は名称）を正しい商号（又は名称）に更正する登記であるから、更正する所有権の登記を順位番号で特定して、「何番所有権登記名義人名称更正」と記載する。

（**注2**）　【書式 10】の（**注2**）参照。

（**注3**）　更正後の事項として、正しい商号（又は名称）を記載する（令別表 23 項申請情報欄、改正令別表 23 項申請情報欄イ（令和 6 年 4 月 1 日施行））。この記載は、（**注5**）の登記原因証明情報の表示と合致していなければならない（法 25 条 8 号）。

　　なお、令和 6 年 4 月 1 日からは、所有権の登記名義人の名称についての更正の登記を申請する場合において、所有権の登記名義人が法人であるときは、申請情報として、法人識別事項の提供を要する（改正令別表 23 項申請情報欄ロ。法人識別事項に関する添付情報については、法務省令（不動産登記規則）において定められる。）。

（**注4**）　申請人（法 64 条 1 項）として、更正後の正しい商号（又は名称）及び登記記録に記録されている所有権の登記名義人の本店（又は主たる事務所）の所在地（令 3 条 1 号）並びにその代表者の氏名をも記載する（同条 2 号）。この本店（又は主たる事務所）の記載は、登記記録の所有権の登記名義人の記録と合致していなければならない。また、商号（又は名称）の記載は、（**注5**）の登記原因証明情報の表示と合致していなければならない（法 25 条 4 号・8 号）。申請人が代理人を選任しないで自ら申請するときは、代表者の氏名の次に押印する（令 16 条 1 項）。なお、会社法人等番号を申請情報として記載することができる（規則 36 条 4 項）。

（**注5**）　登記原因証明情報（法 61 条）として、正しい商号又は名称を証する当該法人の登記事項証明書等を提供する（令別表 23 項添付情報欄）。

（**注6**）・（**注7**）　【書式 3】の（**注6**）・（**注7**）参照。

（**注8**）から（**注16**）　【書式 1】の（**注8**）から（**注16**）参照。

第16章　抹消回復登記

第1節　総　説

第1　抹消回復登記の意義等

1　抹消された登記の回復

「抹消された登記の回復」とは、既存の権利の登記が、抹消すべき原因が存在しないにもかかわらず抹消された場合に、当該登記を、抹消前の状態に復活させることをいい（法72条）、回復の登記がされると、一度抹消された登記の対抗力（民177条）が復活することになる。すなわち、当該登記は、遡って抹消されなかったのと同じ効力をもつことになる。

「登記が抹消された場合」には、ある登記の全部が抹消登記によって抹消された場合に限らず、登記の一部の登記事項のみの変更又は更正の登記により、当該登記事項が抹消された場合をも含む。

「抹消すべき原因が存在しない場合」とは、抹消の原因とされた法律行為が、不存在、無効又は取り消され若しくは解除された場合を意味し、次のような場合が該当するとされている。

(1) 抹消原因の不存在

① 抵当権の登記が、登記官の過誤によって抹消された場合（大判大正12・7・7大民集2巻448頁）

　なお、権利に関する登記が、登記官の過誤によって抹消された場合、当事者の申請によって抹消回復の登記ができることはいうまでもないが、登記官の職権更正の手続（法67条）により、回復の登記をすることもできる（昭和36・5・29民事甲第1256号民事局長電報回答）。

② 抵当権の登記が、その登記名義人（抵当権者）の不知の間に抹消された場合（最二小判昭和36・6・16民集15巻6号1592頁）

③ 強制競売開始決定に係る差押えの登記が、債権者（競売申立人）

の不知の間に執行裁判所に偽造の取下書が提出されたため、当該申立てが取り下げられたものと取り扱われ、同裁判所執行官の嘱託により抹消された場合（最二小判昭和 39・7・10 民集 18 巻 6 号 1110 頁）

　なお、偽造された添付情報により権利に関する登記が抹消された場合であっても、それが実体的な権利関係に合致するときは、回復登記は認められない（東京高判昭和 30・6・29 高民集 8 巻 5 号 378 頁、大阪高判昭和 39・9・17 下民集 15 巻 9 号 2216 頁）。

(2)　**抹消原因の無効・効力不発生**

①　抵当権の登記名義人が目的不動産の所有権を取得し、権利の混同が生じたとして、当該抵当権の登記を抹消したが、当該所有権の取得が無効となった場合（大判大正 6・10・18 民録 23 輯 1592 頁）

②　抵当権者と債務者間で、いまだ債務の弁済がないにもかかわらず、その弁済がされることを予想して、抵当権者が錯誤により当該抵当権の設定の登記を抹消した場合（大判昭和 9・3・31 評論全集 23 巻 377 頁）

③　登記された根抵当権の被担保債務が、小切手により完済されることを条件として、当該根抵当権の設定契約を解除する旨の合意がされ、これに基づいて、当該登記が抹消されたが、小切手の支払がされなかった場合（東京地判昭和 43・1・30 金法 507 号 28 頁）

(3)　**抹消原因の取消し・解除**

　抵当権の登記名義人が強迫を受けて当該債権及び抵当権を放棄する旨の意思表示をしたことにより、当該抵当権の登記が抹消された場合（大判昭和 4・2・20 大民集 8 巻 59 頁）

ただし、上記(1)から(3)の事例に対して、次の場合のように、権利に関する登記について抹消すべき実体上の原因がない場合であっても、当事者が、それを承知の上で、自発的に当該登記の抹消手続をしたものであるときは、当該登記は適法な原因に基づくものであって、抹消回復の登記をすることは認められないとされている。

　ア　抵当権者と債務者が、その被担保債権の弁済されていないことを前提として、当該抵当権の登記を抹消する旨の合意をし、これに基

づいて抹消された場合（大判明治 43・5・13 民録 16 輯 367 頁）

　イ　抵当権者から委任を受けた司法書士の錯誤による申請によって、当該抵当権の設定の登記が抹消された場合（本人の意思により抹消された場合に準じる。）（最二小判昭和 42・9・1 民集 21 巻 7 号 1755 頁）

2　抹消回復について利害関係を有する登記上の第三者

　抹消された権利に関する登記の回復は、登記上の利害関係を有する第三者がある場合には、当該第三者の承諾があるときに限り、申請することができる（法 72 条）。

　「登記上の利害関係を有する第三者」とは、抹消登記等によって抹消された登記の回復登記がされることにより、登記の形式上、一般的に不利益を受けるおそれがある者をいう。

(1)　第三者に該当する者

　①　強制競売開始決定に係る差押えの登記が抹消された後に、根抵当権の設定の登記及び所有権の移転請求権保全の仮登記を受けた者（昭和 39・11・20 民事甲第 3756 号民事局長回答）

　②　先順位抵当権の登記が、解除を原因として抹消された当時から存在していた後順位抵当権の登記の登記名義人（昭和 52・6・16 民三第 2932 号民事局長回答）

　なお、登記上の利害関係を有する第三者とは、抹消登記後に、当該抹消登記の登記記録を信じて法律関係に入った者であることを要する。一方、当該抹消登記の前から登記上において権利を有している者は、当該登記の存在を了承して登記を経由しているのであるから、抹消された登記が回復されたとしても不利益を被ることにはならないとして、登記上の利害関係を有する第三者には該当しないとも考えられる。しかし、上記②の事例のように、当該第三者の登記が後順位の担保権の登記であるときは、先順位の担保権の登記の抹消によって、一旦上昇した順位が、回復登記によって、再び繰り下げられることから、登記の形式上、不利益を受けることが明らかであり、したがって、登記上の利害関係を有する第三者に該当すると考えられる。

⑵　第三者に該当しない者

①　不動産競売の開始決定に係る差押えの登記がされ、その後に、強制競売開始の申立てにより記録添付の措置が採られた場合において、当該差押えの登記が抹消される前に所有権の移転の登記を受けた者（昭和 31・11・8 民事甲第 2587 号民事局長通達）

②　抹消された根抵当権の設定の登記と同順位の根抵当権の登記の登記名義人（昭和 39・8・10 民事甲第 2737 号民事局長通達）

③　権利の混同を原因として先順位の抵当権の設定の登記が抹消される前に登記された後順位の抵当権の登記名義人（昭和 41・10・6 民事甲第 2898 号民事局長回答）

第2　滅失により閉鎖された登記記録の回復

　前掲第 1 の 1（215 頁）のとおり、抹消登記の回復は、抹消の当時に遡って抹消がなかったものと同様の効果を生ぜしめるためにするものであるから、抹消回復の登記は、権利に関する登記についてのみ認められるものと解され、不動産の現況を登記することを目的とする表示に関する登記については、抹消回復の登記をすべき実益は存在しないといえる。すなわち、不動産の全部を誤って抹消し、その登記記録が閉鎖されたとき（規則 109 条、144 条）は、新たな表題登記を、また、不動産の一部を誤って抹消したときは、表題部の更正の登記を、それぞれ表題部所有者又は所有権の登記名義人の申請若しくは登記官の職権によってすれば足りることになる。

　この点については、判例も、登記用紙（登記記録の表題部の記録）の閉鎖がされた場合には、たとえ、その閉鎖が違法にされたものであっても、その回復手続は、これを定めた規定がないから、許されないものと解すべきであるとしている（最三小判昭和 42・3・14 民集 21 巻 2 号 312 頁）。

　したがって、不動産が滅失したとして、その登記記録が誤って又は違法に閉鎖された場合であっても、法令上、その回復登記をすることができる旨の規定は存在しないから、登記記録の滅失回復（法 13 条）の場合とは異なり、新たな表題登記を申請するほかない。

　もっとも、登記実務においては、誤って不動産の滅失の登記をし、登記

記録が閉鎖された場合でも、当該登記記録を回復する滅失の登記の「抹消」が認められている（昭和37・3・13民事甲第647号民事局長回答）。これは、滅失の登記を「抹消」する結果として、一旦閉鎖された登記記録を回復するものであって、法72条に規定する「抹消された登記の回復」ではないと解されているからである。

　当該抹消の登記は表示に関する登記ではあるが、権利に関する抹消回復の登記に準じて表示に関する登記を回復するものであり、また、当該登記をすることによって閉鎖された登記記録に記録されている権利に関する登記をも回復することになるため、当該抹消の登記には、登記原因証明情報の提供を要するものと解される。

　なお、錯誤を理由に、不動産の滅失の登記を抹消して閉鎖した登記記録を回復する場合において、当該不動産について、既に第三者名義による表題登記がされているときは、これを抹消して登記記録を閉鎖しない限り、回復の登記はすることができないとされている（昭和37・2・8民事甲第270号民事局長回答、昭和37・11・1民事甲第3172号民事局長電報回答）。

第3　抹消された所有権に関する登記の回復

1　抹消された所有権の保存の登記の回復

　所有権の保存の登記の抹消は、所有権の移転の登記がない場合に限り、所有権の登記名義人が単独で申請することができる（法77条）。そこで、当該所有権の保存の登記の抹消が、登記名義人の錯誤による申請に基づくものであった場合、当該登記名義人は、錯誤を登記原因として、抹消された所有権の保存の登記の回復を申請することができる。

　登記名義人から所有権の保存の登記の回復の申請があったときは、登記官は、職権で、所有権の保存の登記を抹消した際に閉鎖された登記記録を回復し、表題部に当該不動産の表示に関する登記事項を記録すると共に、当該表題部の「原因及びその日付」欄に「所有権登記回復」と記録し、甲区に当該登記名義人名義の所有権の保存の登記の回復の登記をすることになる（後掲【書式1】の〔記録例634〕参照）。

2　抹消された所有権の移転の登記の回復

　乙から甲への所有権の移転の登記がされている不動産について、乙を登記権利者、甲を登記義務者とする当該所有権の移転の登記の抹消の登記がされたところ、抹消の原因とされた法律行為若しくは事実が不存在であり、又は法律行為が無効等であった場合には、当該抹消の登記申請の場合とは逆に、甲を登記権利者、乙を登記義務者とする共同申請により、当該抹消された所有権の移転の登記の回復を申請することができる。

　この場合において、当該抹消後に、乙から丙への所有権の移転の登記がされているときは、当該回復の登記をする前提として、乙から丙への所有権の移転の登記を抹消することを要する。また、当該抹消後に、乙の所有権を目的とする丁の抵当権の設定の登記がされているときは、丁は、当該回復の登記について登記上の利害関係を有する第三者に該当するから、丁の承諾を証する丁が作成した情報又は丁に対抗することができる裁判があったことを証する情報の提供を要する（令別表27項添付情報欄ロ）。

第4　抹消された所有権以外の権利に関する登記の回復

　登記の回復は、抹消された登記が所有権に関する登記である場合のみならず、抹消された登記が所有権以外の権利に関する登記である場合にも認められることは、いうまでもない。したがって、乙の所有権を目的とする甲の抵当権の設定の登記が抹消された場合において、抹消の原因とされた法律行為若しくは事実が不存在であり、又は法律行為が無効等であった場合には、甲を登記権利者、乙を登記義務者とする共同申請により、当該抹消された抵当権の設定の登記の回復を申請することができる。

　なお、例えば、丙から乙への所有権の移転の登記がされ、乙の所有権を目的とする甲の抵当権の設定の登記がされている場合において、登記上の利害関係を有する第三者である抵当権者甲の承諾を得て（法68条）、丙から乙への所有権の移転の登記が抹消されたところ、その後、当該抹消された所有権の移転の登記について回復の申請がされるときは、抹消された甲の抵当権について回復の申請をすることはできない。

　これは、抹消された登記の回復に係る規定である法72条の「抹消され

た登記」、あるいは規則 155 条の「抹消に係る登記」とは、抹消の原因となる法律行為が存在しないにもかかわらず、当事者の申請に基づいて抹消された権利に関する登記であり、当該登記の抹消に伴って、登記官の職権によって抹消された第三者の権利に関する登記は含まれないと解されるからである。法令上、このような第三者の権利に関する登記について、回復を認める規定は、存在していない。したがって、この場合において、甲が抵当権の順位を保全するためには、改めて、抵当権の設定の登記をしなければならない。

第5　抹消回復登記の申請情報及び添付情報

1　申請人

　回復の登記も権利に関する登記であるから、登記権利者と登記義務者の共同申請によるのが、原則である（法 60 条）。この場合の当事者は、抹消登記の申請がされた場合と逆になる。例えば、抵当権の設定の登記の抹消は、所有権の登記名義人が登記権利者、当該抵当権の登記の登記名義人（抵当権者）が登記義務者となって申請することになるが、当該抹消された抵当権の設定の登記の回復は、当該抵当権の登記の登記名義人（抵当権者）が登記権利者、所有権の登記名義人が登記義務者となって申請することになる。

　なお、例えば、乙を所有権の登記名義人とする不動産についてされていた甲の抵当権の設定の登記が不当に抹消され、その後に、乙から丙への所有権の移転の登記がされている場合において、当該抵当権の登記の回復の申請をするときは、甲が登記権利者、乙が登記義務者であり、丙は、登記上の利害関係を有する第三者（法 72 条）に該当することになる。

　また、抹消された所有権の保存の登記の回復は、当該登記の登記名義人が、申請人として、単独で申請することになる。

2　登記の目的、登記原因及びその日付並びに回復する登記の登記事項

　抹消された登記の回復の「登記の目的」（令 3 条 5 号）は、抹消された登

記を順位番号で特定して、「1 番所有権保存（又は何番所有権移転）登記回復」（ただし、登記記録は「何番所有権回復」と記録される。）、「何番抵当権設定登記回復」（ただし、登記記録は「何番抵当権回復」と記録される。）のように記載する。また、回復する登記を、原因の記載の次行に「回復すべき登記」と記載して、受付年月日及び受付番号で特定することでも差し支えない。なお、登記事項の一部を回復する場合、例えば、効力が消滅したとして抹消された抵当権の設定の登記における抵当権消滅の定めの部分を回復する場合には、「何番抵当権一部回復」のように記載する。

　「登記原因」（同条 6 号）は、抹消原因が不存在等の場合には「錯誤」と記載し、その日付の記載は、要しない。また、登記自体についての抹消の合意に基づいて登記が抹消されたところ、その合意が無効であるときは、登記の抹消の日をもって「年月日合意無効」と記載し、その合意が詐欺・強迫によるものであったことにより取り消された場合は、取消しの意思表示があった日をもって「年月日取消」と記載する。

　「回復する登記の登記事項」（令別表 27 項申請情報欄）として、抹消に係る登記と同一の登記事項（規則 155 条参照）を記載する。例えば、所有権の保存の登記の回復であれば、「所有者」の旨、及び「所有者の氏名又は名称及び住所」を、所有権の移転の登記の回復であれば、加えて「登記原因及びその日付」を記載する。

3　添付情報

　回復の登記も権利に関する登記であるから、添付情報として、登記義務者の登記識別情報又は登記済証の提供又は提出を要し（法 22 条）、所有権の登記名義人が登記義務者となるときは、印鑑証明書の添付を要する。また、登記原因証明情報（令別表 27 項添付情報欄イ）、及び登記上の利害関係を有する第三者があるときは、当該第三者の承諾を証する当該第三者が作成した情報又は当該第三者に対抗することができる裁判があったことを証する情報（同添付情報欄ロ）の提供を要する。

第6　回復の登記における登記識別情報等の通知の要否

　登記官は、その登記をすることによって申請人自らが登記名義人となる場合において、当該登記を完了したときは、法務省令で定めるところにより、速やかに、当該申請人に対し、当該登記に係る登記識別情報を通知しなければならないとされている（法21条本文）。

　当該登記識別情報は、「その登記をすることによって自らが登記名義人となる申請人」に対して通知されるものであるところ、回復の登記の権利者（又は申請人）は、当該回復の登記をすることによって登記名義人となる者ではなく、回復の登記によって、当該登記が抹消前の状態に復活したことにより登記名義人となる者である。したがって、当該権利者（又は申請人）には、登記識別情報は通知されない。

　そのため、後日、当該権利者（又は申請人）が登記義務者として、登記権利者と共同して権利に関する登記を申請する場合（法60条）には、回復した保存、移転又は設定等の登記をしたときに、登記所から通知された登記識別情報を提供することになる（法22条）。

第2節　抹消回復登記の申請手続（書式）

第1　所有権に関する登記の回復

書式1　所有権の保存の登記を回復する場合

　所有権の保存の登記の抹消は、所有権の移転の登記がない場合に限り、所有権の登記名義人が単独で申請することができる（法 77 条）。そこで、当該所有権の保存の登記の抹消が、登記名義人の錯誤による申請に基づくものであった場合、当該登記名義人は、錯誤を登記原因として、抹消された所有権の保存の登記の回復を申請することができる。

　この書式は、所有権の保存の登記が、抹消すべき原因が存在しないにもかかわらず誤って抹消されたため、所有権の登記名義人が、当該所有権の保存の登記の回復を申請する場合の記載例である。

【登記申請書】

＊受付番号票をはり付ける部分

登　記　申　請　書

登記の目的　　1番所有権保存登記回復（**注1**）
原　　因　　錯誤（**注2**）
回復すべき登記（**注3**）

　　　　　　　　令和何年何月何日受付第何号
　　　　　　　　順位1番所有権保存
　　　　　　　　所有者　何市何町二丁目12番地
　　　　　　　　　　　　　　　甲　　　　　某
申　請　人　　何市何町二丁目12番地
　　　　　　　　　　　　甲　　　　　某（**注4**）
添　付　書　類
　　　登記原因証明情報（**注5**）　　会社法人等番号又は資格証明書（**注6**）
　　　代理権限証書（**注7**）
その他の事項
　　　登記所での登記完了証の交付及び原本の還付を希望する（**注8**）

　　　又は
　　　　　登記完了証の交付及び原本の還付は送付の方法によることを希望す
　　　る（**注8**）
　　　　　送付先　申請人又は代理人の住所又は事務所宛て（**注9**）

令和何年何月何日申請（**注10**）　　何法務局何支局（出張所）（**注11**）
代　理　人　　何市何町何丁目何番地
　　　　　　　　　　　何　　　　　某㊞（**注12**）
　　　　　　　　連絡先の電話番号○○－○○○○－○○○○（**注13**）
登録免許税　　金1,000円（**注14**）
不動産の表示（**注15**）
　　不動産番号　　1234567890123（**注16**）

所　　　在　　何市何町一丁目
地　　　番　　23番
地　　　目　　宅地
地　　　積　　123.45平方メートル

（注1）　登記の目的（令3条5号）は、誤って抹消された所有権の保存の
登記を回復する登記であるから、回復する所有権の保存の登記を順位
番号（所有権の保存の登記の順位番号は、常に1番である。）で特定し
て、「1番所有権保存登記回復」と記載する。

（注2）　登記原因（令3条6号）として、「錯誤」と記載する。なお、その
日付の記載は要しない。

（注3）　回復すべき登記の登記事項として、その登記の受付年月日、受付
番号、順位番号のほか、抹消された所有権の保存の登記の所有者の氏
名又は名称及び住所を記載する（令別表27項申請情報欄）。

（注4）　申請人として、抹消された所有権の保存の登記の登記名義人の氏
名又は名称及び住所を記載し（令3条1号）、申請人が会社等の法人の
場合には、その代表者の氏名をも記載する（同条2号）。これらの記載
は、抹消された登記記録及び（**注5**）の登記原因証明情報の表示と合
致していなければならない（法25条4号・8号）。なお、申請人が代
理人を選任しないで自ら申請するときは、氏名（法人の場合は代表者
の氏名）の次に押印する（令16条1項）。

（注5）　登記原因証明情報（法61条）とは、登記原因となった事実又は法
律行為及びこれに基づき現に権利変動が生じたことを証する情報であり、
錯誤の場合は、当事者において錯誤を生じた事実を記載した情報〔別記
様式1参照〕を作成して提供する（令別表27項添付情報欄イ）。

（注6）　申請人が会社等の法人の場合で、会社法人等番号を有する法人に
あっては当該法人の会社法人等番号を（令7条1項1号イ）、それ以外
の法人にあっては当該法人の代表者の資格を証する情報を提供する
（同号ロ）。ただし、申請人が会社法人等番号を有する法人であって、
当該法人の代表者によって登記の申請をする場合に当該法人の代表者
の資格を証する登記事項証明書（代表者事項証明書。商業登記規則30

条1項4号）を提供したとき（規則36条1項1号）、若しくは支配人
等（支配人その他の法令の規定により法人を代理することができる者
であって、その旨の登記がされているもの。以下同じ。）によって登記
の申請をする場合に当該支配人等の権限を証する登記事項証明書（現
在事項一部証明書。商業登記規則30条2項）を提供したとき（規則
36条1項2号）は、当該法人の会社法人等番号の提供は、要しない
（同条1項柱書）。

　なお、当該登記事項証明書は、いずれも作成後3か月以内のもので
なければならない（規則36条2項）。また、会社法人等番号を有しな
い法人が提供する当該法人の代表者の資格を証する情報が書面であっ
て、登記官その他の公務員が職務上作成したものであるときは、作成
後3か月以内のものでなければならない（令17条1項）。

　申請人の会社法人等番号を提供するときは、申請人の名称に続けて
表示することで差し支えない（平成27・10・23民二第512号民事局長
通達2(1)ア(ア)）。

(注7)　申請人が代理人によって登記を申請するときは、その代理権限を
証する情報〔委任状。別記様式2参照〕を提供する（令7条1項2号）。
この情報が書面であって、登記官その他の公務員が職務上作成したも
のであるときは、作成後3か月以内のものでなければならない（令17
条1項）。ただし、申請人が会社法人等番号を有する法人であって、支
配人等が当該法人を代理して登記の申請をする場合は、当該代理人の
代理権限を証する情報の提供を要しない（規則36条3項）。

　なお、法人（司法書士法人、弁護士法人）である代理人によって登
記の申請をする場合において、当該代理人の会社法人等番号を提供し
たときは、当該会社法人等番号の提供をもって、当該代理人の代表者
の資格を証する情報の提供に代えることができる（規則37条の2）。

(注8)　登記所において登記完了証の交付及び添付書面の原本の還付を希
望する場合、又は送付の方法によることを希望する場合は、その旨を
申請情報の内容としなければならない（規則182条2項、55条6項）。

(注9)　登記完了証の交付及び添付書面の原本の還付を送付の方法による
ことを希望する場合は、送付先として、申請人又は代理人の住所又は

事務所を記載する（規則182条2項、55条6項）。

　　登記完了証及び添付書面の原本の還付の送付は、「書留郵便等」の方法によることとされ（規則182条3項、55条7項）、その送付に要する費用を郵便切手等で提出しなければならない（規則182条3項、55条8項）。

(注10)　登記を申請する日、すなわち、申請書を登記所に提出する日を記載する（規則34条1項7号）。

(注11)　不動産を管轄する登記所の表示として、法務局若しくは地方法務局若しくはこれらの支局又はこれらの出張所を記載する（規則34条1項8号）。

(注12)　申請人が代理人によって登記を申請するときは、その代理人の氏名又は名称及び住所並びに代理人が法人の場合は代表者の氏名を記載し（令3条3号）、記名押印する（令16条1項）。ただし、代理人が申請書に署名したときは記名押印を要しない（規則47条1号）。この記載は、（**注7**）の代理権限を証する情報（委任状）の受任者の記載と合致していなければならない（法25条4号）。

(注13)　申請情報の内容に補正すべき点がある場合に、登記所の担当者から申請人又は代理人に連絡するための連絡先の電話番号その他の連絡先を記載する（規則34条1項1号）。

(注14)　登録免許税額を記載する（規則189条1項）。この金額は、不動産1個につき1,000円とされている（登免税法別表第1・1・(14)）。

(注15)　不動産の表示として、土地の場合は、当該土地の所在する市、区、郡、町、村及び字、地番、地目及び地積を記載し、建物の場合は、当該建物の所在する市、区、郡、町、村、字及び土地の地番、家屋番号、種類、構造及び床面積等を記載する（令3条7号・8号）。これらの記載は、登記記録の記録と合致していなければならない（法25条6号）。

(注16)　不動産を識別するための番号（不動産番号。法27条4号、規則90条）を記載したときは、（**注15**）の土地の所在、地番、地目及び地積、建物の所在、家屋番号、種類、構造及び床面積等の記載を省略することができる（令6条1項1号・2号）。

〔別記様式1〕

登 記 原 因 証 明 情 報

1　登記申請情報の概要
 (1)　登記の目的　　1番所有権保存登記回復
 (2)　原　　　因　　錯誤
 (3)　所　有　者　　何市何町二丁目12番地
　　　　　　　　　　　　　（甲）甲　　　某
 (4)　不動産の表示（省略）
2　登記の原因となる事実又は法律行為
　甲は、上記1の(4)に記載した不動産について、所有権の保存の登記（令和何年何月何日受付第何号順位1番）をしたが、令和何年何月何日、誤って、当該所有権の保存の登記を抹消した。
　よって、錯誤を原因として、当該所有権の保存の登記の回復をする。

令和何年何月何日　　何法務局何支局（出張所）
　上記の登記原因のとおり相違ありません。

　　　　　　申請人　　何市何町二丁目12番地　　甲　　　某　㊞

〔別記様式2〕

委　任　状

何市何町何丁目何番地

何　　　某

　私は、上記の者を代理人と定め、令和何年何月何日付け登記原因証明情報のとおりの回復登記の申請に関する一切の権限を委任します。

　令和何年何月何日

　　　　　申請人　　何市何町二丁目 12 番地　　甲　　　某 ㊞

〔記録例 634〕所有権の保存の登記の回復

表 題 部（土地の表示）		調製	令和何年何月何日	不動産番号	1 2 3 4 5 6 7 8 9 0 1 2 3
地図番号	A 1 1 - 1	筆界特定	余　白		
所　　　在	何市何町一丁目			余　白	
	何市何町一丁目			余　白	
① 地　番	② 地　目	③ 地　　積　　　m²		原因及びその日付〔登記の日付〕	
23 番	宅地	1 2 3 : 4 5		余　白	
余　白	余　白	余　白		所有権登記抹消〔令和何年何月何日同日閉鎖〕	
23 番	宅地	1 2 3 : 4 5		所有権登記回復〔令和何年何月何日〕	
所　有　者	何市何町二丁目 12 番地　甲　某				

権　利　部　　（甲区）　　（所有権に関する事項）			
順位番号	登　記　の　目　的	受付年月日・受付番号	権　利　者　そ　の　他　の　事　項
<u>1</u>	<u>所有権保存</u>	<u>令和何年何月何日</u> <u>第何号</u>	<u>所有者　何市何町二丁目 12 番地</u> 　<u>甲　某</u>
1	所有権保存	令和何年何月何日 第何号	所有者　何市何町二丁目 12 番地 　甲　某 令和何年何月何日登記
2	1 番所有権抹消	令和何年何月何日 第何号	原因　錯誤
3	1 番所有権回復	令和何年何月何日 第何号	原因　錯誤

（注）　規則第 155 条

書式 1　（所有権回復）

書式2　所有権の移転の登記を回復する場合

　乙から甲への所有権の移転の登記がされている不動産について、乙を登記権利者、甲を登記義務者とする当該所有権の移転の登記の抹消の登記がされたところ、抹消の原因とされた法律行為若しくは事実が不存在であり、又は法律行為が無効等であった場合には、当該抹消の登記申請の場合とは逆に、甲を登記権利者、乙を登記義務者とする共同申請により、当該抹消された所有権の移転の登記の回復を申請することができる。

　この場合において、当該抹消後に、乙から丙への所有権の移転の登記がされているときは、当該回復の登記をする前提として、乙から丙への所有権の移転の登記を抹消することを要する。また、当該抹消後に、乙の所有権を目的とする丁の抵当権の設定の登記がされているときは、丁は、当該回復の登記について登記上の利害関係を有する第三者に該当するから、丁の承諾を証する丁が作成した情報又は丁に対抗することができる裁判があったことを証する情報の提供を要する（令別表27項添付情報欄ロ）。

　この書式は、乙から甲への所有権の移転の登記が、抹消すべき原因が存在しないにもかかわらず誤って抹消されたため、登記権利者（回復する所有権の登記名義人）甲と登記義務者（回復する所有権の前登記名義人（登記記録上の現在の登記名義人））乙が共同して、当該所有権の移転の登記の回復を申請する場合の記載例である。

【登記申請書】

```
┌─────────────────────────────────────────┐
│       ＊受付番号票をはり付ける部分           │
└─────────────────────────────────────────┘
```

登　記　申　請　書

登記の目的　　何番所有権移転登記回復（**注1**）

原　　　因　　錯誤（**注2**）

回復すべき登記（**注3**）

　　　　　　　令和何年何月何日受付第何号

　　　　　　　順位何番所有権移転

　　　　　　　原　因　令和何年何月何日売買

　　　　　　　所有者　何市何町二丁目 12 番地

　　　　　　　　　　　甲　　　　某

権　利　者　　何市何町二丁目 12 番地

　　　　　　　　　　甲　　　　某（**注4**）

義　務　者　　何市何町一丁目 34 番地

　　　　　　　　　　乙　　　　某（**注5**）

添 付 書 類

　　　登記識別情報又は登記済証（**注6**）　　登記原因証明情報（**注7**）

　　　会社法人等番号又は資格証明書（**注8**）　　代理権限証書（**注9**）

　　　印鑑証明書（**注10**）　　承諾書（**注11**）

登記識別情報（登記済証）を提供（又は提出）することができない理由（**注12**）

　□不通知　　□失効　　□失念　　□管理支障　　□取引円滑障害

　□その他（　　　　　　　　）

その他の事項

　　登記所での登記完了証の交付及び原本の還付を希望する（**注13**）

┌───┐
│ 又は   │
│ 　　登記完了証の交付及び原本の還付は送付の方法によることを希望す │
│ る（**注13**）   │
│ 　　送付先　申請人又は代理人の住所又は事務所宛て（**注14**）   │
└───┘

令和何年何月何日申請（**注15**）　　何法務局何支局（出張所）（**注16**）

代　理　人　　何市何町何丁目何番地

何　　　　　某㊞（**注17**）

連絡先の電話番号〇〇－〇〇〇〇－〇〇〇〇（**注18**）

登録免許税　　金 1,000 円（**注19**）

不動産の表示（**注20**）

不動産番号　　1234567890123（**注21**）

所　　在　　何市何町何丁目 123 番地

家 屋 番 号　　123 番

種　　類　　居宅

構　　造　　木造かわらぶき 2 階建

床 面 積　　1 階　123.45 平方メートル

2 階　　67.89 平方メートル

（**注1**）　登記の目的（令 3 条 5 号）は、誤って抹消された所有権の移転の登記を回復する登記であるから、回復する所有権の移転の登記を順位番号で特定して、「何番所有権移転登記回復」と記載する。

（**注2**）　【書式 1】の（**注2**）参照。

（**注3**）　回復すべき登記の登記事項として、その登記の受付年月日、受付番号、順位番号のほか、抹消された登記の目的、登記原因及びその日付、所有者の氏名又は名称及び住所を記載する（令別表 27 項申請情報欄）。

（**注4**）　登記権利者（法 60 条）として、回復する所有権の登記名義人の氏名又は名称及び住所を記載し（令 3 条 1 号）、登記権利者が会社等の法人の場合には、その代表者の氏名をも記載する（同条 2 号）。これらの記載は、抹消された登記記録及び（**注7**）の登記原因証明情報の表示と合致していなければならない（法 25 条 4 号・8 号）。なお、登記権利者が代理人を選任しないで自ら申請するときは、氏名（法人の場合は代表者の氏名）の次に押印する（令 16 条 1 項）。

（**注5**）　登記義務者（法 60 条）として、回復する所有権の前登記名義人（登記記録上の現在の登記名義人）の氏名又は名称及び住所を記載し（令 3 条 1 号）、登記義務者が会社等の法人の場合には、その氏名をも記載する（同条 2 号）。これらの記載は、登記記録及び（**注7**）の登記

原因証明情報の表示と合致していなければならない（法25条7号・8号）。なお、登記義務者が代理人を選任しないで自ら申請するときは、氏名（又は代表者の氏名）の次に押印（（**注10**）の印鑑証明書と同一のもの）する（令16条1項）。

（**注6**）　登記義務者が、当該不動産について所有権の保存又は移転の登記をしたときに、登記所から通知された登記識別情報（法22条）を提供する。登記識別情報の提供方法は、登記識別情報を記載した書面を封筒に入れ、この封筒に登記義務者の氏名又は名称及び登記の目的を記載し、登記識別情報を記載した書面が在中する旨を明記する（規則66条1項2号・2項・3項）。平成16年法律第123号による不動産登記法施行前に所有権の保存又は移転の登記を受けた登記義務者が最初に当該登記所に申請する場合には、従来の登記済証を提出することになる（法22条、同附則7条）。

　　なお、この場合において、登記識別情報又は登記済証を提供又は提出することができないときは、登記官は登記義務者に対して、当該申請があった旨、及び当該申請の内容が真実であれば2週間以内にその旨の申出をすべき旨を通知することになる（法23条1項、規則70条8項）。ただし、登記官が資格者代理人から登記義務者であることを確認するために必要な情報の提供を受け、かつ、その内容を相当と認めたとき（法23条4項1号、規則72条）、又は公証人から登記義務者であることを確認するために必要な認証がされ、かつ、登記官がその内容を相当と認めたときは（法23条4項2号）、登記義務者への通知は要しない（法23条4項柱書）。

（**注7**）　【書式1】の（**注5**）参照。

（**注8**）　登記権利者又は登記義務者が会社等の法人の場合で、会社法人等番号を有する法人にあっては当該法人の会社法人等番号を（令7条1項1号イ）、それ以外の法人にあっては当該法人の代表者の資格を証する情報を提供する（同号ロ）。ただし、申請人が会社法人等番号を有する法人であって、当該法人の代表者によって登記の申請をする場合に当該法人の代表者の資格を証する登記事項証明書（代表者事項証明書。商業登記規則30条1項4号）を提供したとき（規則36条1項1号）、若しくは支配人等（支配人その他の法令の規定により法人を代理する

ことができる者であって、その旨の登記がされているもの。以下同じ。）によって登記の申請をする場合に当該支配人等の権限を証する登記事項証明書（現在事項一部証明書。商業登記規則 30 条 2 項）を提供したとき（規則 36 条 1 項 2 号）は、当該法人の会社法人等番号の提供は、要しない（同条 1 項柱書）。

　なお、当該登記事項証明書は、いずれも作成後 3 か月以内のものでなければならない（規則 36 条 2 項）。また、会社法人等番号を有しない法人が提供する当該法人の代表者の資格を証する情報が書面であって、登記官その他の公務員が職務上作成したものであるときは、作成後 3 か月以内のものでなければならない（令 17 条 1 項）。

　会社法人等番号を提供するときは、登記権利者又は登記義務者の名称に続けて表示することで差し支えない（平成 27・10・23 民二第 512号民事局長通達 2(1)ア(ア)）。

(注 9)　登記権利者又は登記義務者が代理人によって登記を申請するときは、その代理権限を証する情報〔委任状。別記様式 2 参照〕を提供する（令 7 条 1 項 2 号）。この情報が書面であって、登記官その他の公務員が職務上作成したものであるときは、作成後 3 か月以内のものでなければならない（令 17 条 1 項）。ただし、登記権利者又は登記義務者が会社法人等番号を有する法人であって、支配人等が当該法人を代理して登記の申請をする場合は、当該代理人の代理権限を証する情報の提供を要しない（規則 36 条 3 項）。

　なお、法人（司法書士法人、弁護士法人）である代理人によって登記の申請をする場合において、当該代理人の会社法人等番号を提供したときは、当該会社法人等番号の提供をもって、当該代理人の代表者の資格を証する情報の提供に代えることができる（規則 37 条の 2）。

(注 10)　所有権の登記名義人が登記義務者として登記を申請する場合には、その者の印鑑証明書（個人の場合は住所地の市区町村長が作成したもの、会社等の法人の場合は登記官が作成したもの）を添付する（令 16条 2 項、18 条 2 項）。これらの印鑑証明書は、作成後 3 か月以内のものでなければならない（令 16 条 3 項、18 条 3 項）。ただし、①所有権の登記名義人である法人の代表者が記名押印した者である場合におい

て、当該法人の会社法人等番号を申請情報の内容としたとき（登記官が当該法人の代表者の印鑑証明書を作成することができる場合に限る。）（規則48条1号、49条2項1号）、②所有権の登記名義人又はその代表者が記名押印した申請書又は委任状について、公証人又はこれに準ずる者の認証を受けた場合（規則48条2号、49条2項2号）には、印鑑証明書の添付を要しない。なお、①の場合、申請書における添付書類の表示として「印鑑証明書（会社法人等番号何番）」の例により記載する。

(注11)　抹消された所有権の移転の登記を回復する場合において、抵当権者等の登記上の利害関係を有する第三者がいるときは、当該第三者の承諾を証する当該第三者が作成した情報又は当該第三者に対抗することができる裁判があったことを証する情報〔別記様式3参照〕を提供する（令別表27項添付情報欄ロ）。承諾を証する情報には、作成者が記名押印し（令19条1項）、記名押印した者の印鑑証明書を添付しなければならない（同条2項）。この印鑑証明書については、有効期限はない。なお、承諾者が会社等の法人であるときは、会社法人等番号又は代表者の資格を証する情報をも提供する。

(注12)　登記義務者が登記識別情報又は登記済証を提供又は提出することができないときは、その理由を該当する□にチェックをする（法22条ただし書、令3条12号）。

(注13) から (注16)　【書式1】の（注8）から（注11）参照。

(注17)　登記権利者又は登記義務者が代理人によって登記を申請するときは、その代理人の氏名又は名称及び住所並びに代理人が法人の場合は代表者の氏名を記載し（令3条3号）、記名押印する（令16条1項）。ただし、代理人が申請書に署名したときは記名押印を要しない（規則47条1項）。この記載は、（注9）の代理権限を証する情報（委任状）の受任者の記載と合致していなければならない（法25条4号）。

(注18) から (注20)　【書式1】の（注13）から（注15）参照。

(注21)　不動産を識別するための番号（不動産番号。法27条4号、規則90条）を記載したときは、（注20）の土地の所在、地番、地目及び地積、建物の所在、家屋番号、種類、構造及び床面積等の記載を省略することができる（令6条1項1号・2号）。

〔別記様式1〕

登 記 原 因 証 明 情 報

1　登記申請情報の概要
 (1)　登記の目的　　何番所有権移転登記回復
 (2)　原　　　因　　錯誤
 (3)　当　事　者　　権利者　　何市何町二丁目12番地
　　　　　　　　　　　　　　　（甲）甲　　　　某
　　　　　　　　　　義務者　　何市何町一丁目34番地
　　　　　　　　　　　　　　　（乙）乙　　　　　某
 (4)　不動産の表示（省略）
2　登記の原因となる事実又は法律行為
　甲と乙は、乙所有の上記1の(4)に記載した不動産について、令和何年何月何日売買を原因とする所有権の移転の登記（令和何年何月何日受付第何号順位何番）をしたが、令和何年何月何日、誤って、当該所有権の移転の登記を抹消した。
　よって、錯誤を原因として、当該所有権の移転の登記の回復をする。

　令和何年何月何日　　　何法務局何支局（出張所）
　　上記の登記原因のとおり相違ありません。

　　　　　　　　権利者　何市何町二丁目12番地　　甲　　　　某 ㊞
　　　　　　　　義務者　何市何町一丁目34番地　　乙　　　　某 ㊞

〔別記様式2〕

委　任　状

何市何町何丁目何番地

何　　　某

　私たちは、上記の者を代理人と定め、令和何年何月何日付け登記原因証明情報のとおりの回復登記の申請に関する一切の権限を委任します。

　令和何年何月何日

　　　　登記権利者　　何市何町二丁目12番地　　甲　　　某　㊞
　　　　登記義務者　　何市何町一丁目34番地　　乙　　　某　㊞

（注）　乙某は、印鑑証明書と同一の印を押印する。

239

〔別記様式 3〕

承　諾　書

　当社は、今般、貴殿が、末尾記載の不動産について、何法務局何支局令和何年何月何日受付第何号順位何番の所有権の移転の登記の回復登記を申請することについて、異議なくこれを承諾します。

　　　令和何年何月何日

　　　　　　　抵当権者
　　　　　　　　　　何市何町五丁目 6 番地
　　　　　　　　　　　株式会社　丙商事
　　　　　　　　　　　　　代表取締役　　何　　　　　某　㊞

何市何町一丁目 34 番地
　　　乙　　　　某　殿

　　不動産の表示
　　　所　　在　　何市何町何丁目 123 番地
　　　家屋番号　　123 番
　　　種　　類　　居宅
　　　構　　造　　木造かわらぶき 2 階建
　　　床 面 積　　1 階　123.45 平方メートル
　　　　　　　　　2 階　 67.89 平方メートル

(注)　承諾書には、記名押印した者の印鑑証明書を添付しなければならない（令 19 条
　　　2 項）。この印鑑証明書の有効期限はない。なお、承諾者が会社等の法人であると
　　　きは、会社法人等番号又はその代表者の資格を証する情報をも提供する。

※以下参考

〔記録例 635〕所有権に関する仮登記に基づく本登記に伴い職権抹消した登記の回復

権　利　部　　（甲区）　　（所有権に関する事項）			
順位番号	登　記　の　目　的	受付年月日・受付番号	権　利　者　そ　の　他　の　事　項
2	所有権移転仮登記	令和何年何月何日 第何号	（事項省略）
	所有権移転	令和何年何月何日 第何号	（事項省略）
3	所有権移転	令和何年何月何日 第何号	原因　令和何年何月何日相続 所有者　何市何町何番地 　　丙　某
	所有権移転	令和何年何月何日 第何号	原因　令和何年何月何日相続 所有者　何市何町何番地 　　丙　某 令和何年何月何日登記
4	3番所有権抹消	令和何年何月何日 第何号	原因　令和何年何月何日解除
5	2番所有権移転 本登記及び仮登記 抹消	令和何年何月何日 第何号	原因　令和何年何月何日解除
6	3番所有権回復	余　白	5番の登記により令和何年何月何日 登記

（注）　順位2番の仮登記及び本登記を抹消する記号（下線）を記録する。

第2　所有権以外の権利に関する登記の回復

書式3　抵当権の設定の登記を回復する場合

　登記の回復は、抹消された登記が所有権に関する登記である場合のみならず、抹消された登記が所有権以外の権利に関する登記である場合にも認められることは、いうまでもない。

　そこで、乙の所有権を目的とする甲の抵当権の設定の登記の抹消の登記がされたところ、抹消の原因とされた法律行為若しくは事実が不存在であり、又は法律行為が無効等であった場合には、当該抹消の登記申請の場合とは逆に、甲を登記権利者、乙を登記義務者とする共同申請により、当該抹消された抵当権の設定の登記の回復を申請することができる。

　なお、例えば、丙から乙への所有権の移転の登記がされ、乙の所有権を目的とする甲の抵当権の設定の登記がされている場合において、登記上の利害関係を有する第三者である抵当権者甲の承諾を得て（法68条）、丙から乙への所有権の移転の登記が抹消されたところ、その後、当該抹消された所有権の移転の登記について回復の申請がされるときは、抹消された甲の抵当権について回復の申請をすることはできない。この場合において、甲が抵当権の順位を保全するためには、改めて、抵当権の設定の登記をしなければならない。

　この書式は、乙の所有権を目的とする甲の抵当権の設定の登記が、抹消すべき原因が存在しないにもかかわらず誤って抹消されたため、登記権利者（回復する抵当権の登記名義人）甲と登記義務者（回復する抵当権の設定者（登記記録上の現在の所有権の登記名義人））乙が共同して、当該抵当権の設定の登記の回復を申請する場合の記載例である。

【登記申請書】

```
┌─────────────────────────────────┐
╎        ＊受付番号票をはり付ける部分        ╎
└─────────────────────────────────┘
```

登　記　申　請　書

登記の目的　　何番抵当権設定登記回復（注1）

原　　　因　　錯誤（注2）

回復すべき登記（注3）

　　　　　　　令和何年何月何日受付第何号

　　　　　　　順位何番抵当権設定

　　　　　　　原　　因　令和何年何月何日金銭消費貸借同日設定

　　　　　　　債 権 額　金何万円

　　　　　　　利　　息　年何％

　　　　　　　損 害 金　年何％

　　　　　　　債 務 者　何市何町一丁目 34 番地

　　　　　　　　　　　　　　乙　　　　　某

　　　　　　　抵当権者　何市何町二丁目 12 番地

　　　　　　　　　　　　　　甲　　　　某

権　利　者　　何市何町二丁目 12 番地

　　　　　　　　　甲　　　　　某（注4）

義　務　者　　何市何町一丁目 34 番地

　　　　　　　　　乙　　　　　某（注5）

添 付 書 類

　　登記識別情報又は登記済証（注6）　　登記原因証明情報（注7）

　　会社法人等番号又は資格証明書（注8）　　代理権限証書（注9）

　　印鑑証明書（注10）　　承諾書（注11）

登記識別情報（登記済証）を提供（又は提出）することができない理由（注12）

　□不通知　　□失効　　□失念　　□管理支障　　□取引円滑障害

　□その他（　　　　　　　）

その他の事項

　　登記所での登記完了証の交付及び原本の還付を希望する（注13）

又は

　登記完了証の交付及び原本の還付は送付の方法によることを希望する（**注 13**）

　　送付先　申請人又は代理人の住所又は事務所宛て（**注 14**）

令和何年何月何日申請（**注 15**）　　何法務局何支局（出張所）（**注 16**）

代　理　人　　何市何町何丁目何番地

　　　　　　　　　　　何　　　　　某㊞（**注 17**）

　　　　　　　　連絡先の電話番号○○－○○○○－○○○○（**注 18**）

登録免許税　　金 1,000 円（**注 19**）

不動産の表示（**注 20**）

　　不動産番号　　1234567890123（**注 21**）

　　所　　在　　何市何町何丁目 123 番地

　　家屋番号　　123 番

　　種　　類　　居宅

　　構　　造　　木造かわらぶき 2 階建

　　床面積　　1 階　123.45 平方メートル

　　　　　　　　2 階　　67.89 平方メートル

（**注 1**）　登記の目的（令 3 条 5 号）は、誤って抹消された抵当権の設定の登記を回復する登記であるから、回復する抵当権の設定の登記を順位番号で特定して、「何番抵当権設定登記回復」と記載する。

（**注 2**）　【書式 1】の（**注 2**）参照。

（**注 3**）　回復すべき登記の登記事項として、その登記の受付年月日、受付番号、順位番号のほか、抹消された登記の目的、原因及びその日付、債権額、債務者及び抵当権者の氏名又は名称及び住所を記載し、さらに、利息、損害金等の定めがあるときは、それらの事項を記載する（令別表 27 項申請情報欄）。

（**注 4**）　登記権利者（法 60 条）として、回復する抵当権の登記名義人（抵当権者）の氏名又は名称及び住所を記載し（令 3 条 1 号）、登記権利者が会社等の法人の場合には、その代表者の氏名をも記載する（同条 2 号）。これらの記載は、抹消された登記記録及び（**注 7**）の登記原因証

明情報の表示と合致していなければならない（法25条4号・8号）。なお、登記権利者が代理人を選任しないで自ら申請するときは、氏名（法人の場合は代表者の氏名）の次に押印する（令16条1項）。

(**注5**)　登記義務者（法60条）として、回復する抵当権の設定者（登記記録上の現在の所有権の登記名義人）の氏名又は名称及び住所を記載し（令3条1号）、登記義務者が会社等の法人の場合には、その代表者の氏名をも記載する（同条2号）。これらの記載は、登記記録及び（**注7**）の登記原因証明情報の表示と合致していなければならない（法25条7号・8号）。なお、登記義務者が代理人を選任しないで自ら申請するときは、氏名（又は代表者の氏名）の次に押印（（**注10**）の印鑑証明書と同一のもの）する（令16条1項）。

(**注6**)　【書式2】の（**注6**）参照。

(**注7**)　【書式1】の（**注5**）参照。

(**注8**)から（**注10**）　【書式2】の（**注8**）から（**注10**）参照。

(**注11**)　抹消された抵当権の設定の登記を回復する場合において、後順位の抵当権者等の登記上の利害関係を有する第三者がいるときは、当該第三者の承諾を証する当該第三者が作成した情報又は当該第三者に対抗することができる裁判があったことを証する情報を提供する（令別表27項添付情報欄ロ）。承諾を証する情報には、作成者が記名押印し（令19条1項）、記名押印した者の印鑑証明書を添付しなければならない（同条2項）。この印鑑証明書については、有効期限はない。なお、承諾者が会社等の法人であるときは、会社法人等番号又は代表者の資格を証する情報をも提供する。

(**注12**)　【書式2】の（**注12**）参照。

(**注13**)から（**注16**）　【書式1】の（**注8**）から（**注11**）参照。

(**注17**)　【書式2】の（**注17**）参照。

(**注18**)から（**注20**）　【書式1】の（**注13**）から（**注15**）参照。

(**注21**)　【書式2】の（**注21**）参照。

〔別記様式 1〕

登 記 原 因 証 明 情 報

1　登記申請情報の概要
 ⑴　登記の目的　　何番抵当権設定登記回復
 ⑵　原　　　因　　錯誤
 ⑶　当　事　者　　権利者　　何市何町二丁目 12 番地
　　　　　　　　　　　　　　（甲）甲　　　某
　　　　　　　　　義務者　　何市何町一丁目 34 番地
　　　　　　　　　　　　　　（乙）乙　　　　某
 ⑷　不動産の表示（省略）
2　登記の原因となる事実又は法律
 ⑴　抵当権者甲と抵当権設定者乙は、令和何年何月何日、乙所有の上記
　　1 の⑷に記載した不動産について、下記内容の抵当権の設定の登記
　　（令和何年何月何日受付第何号順位何番）をした。
　　原　　因　　令和何年何月何日金銭消費貸借同日設定
　　債権額　　金何万円
　　利　　息　　年何％
　　損害金　　年何％
　　債務者　　何市何町一丁目 34 番地　乙　某
 ⑵　令和何年何月何日、乙と甲は、誤って、当該抵当権の設定の登記を
　　抹消した。
 ⑶　よって、錯誤を原因として、当該抵当権の設定の登記の回復をする。

　令和何年何月何日　　　何法務局何支局（出張所）
　　上記の登記原因のとおり相違ありません。

　　　　　　　　　権利者　　何市何町二丁目 12 番地　　甲　　　某　㊞
　　　　　　　　　義務者　　何市何町一丁目 34 番地　　乙　　　某　㊞

〔別記様式 2〕

書式3（抵当権回復）

委　任　状

何市何町何丁目何番地
何　　某

　私たちは、上記の者を代理人と定め、令和何年何月何日付け登記原因証明情報のとおりの回復登記の申請に関する一切の権限を委任します。

　令和何年何月何日

登記権利者	何市何町二丁目 12 番地	甲　　某	印
登記義務者	何市何町一丁目 34 番地	乙　　某	印

（注）　乙某は、印鑑証明書と同一の印を押印する。

〔記録例 636〕抵当権の設定の登記の回復

権　利　部　　（乙区）　（所有権以外の権利に関する事項）			
順位番号	登　記　の　目　的	受付年月日・受付番号	権　利　者　そ　の　他　の　事　項
何	抵当権設定	令和何年何月何日 第何号	原因　令和何年何月何日金銭消費 　　貸借同日設定 債権額　金何万円 利息　年何％ 損害金　年何％ 債務者　何市何町一丁目 34 番地 　　乙　某 抵当権者　何市何町二丁目 12 番地 　　甲　某
何	抵当権設定	令和何年何月何日 第何号	原因　令和何年何月何日金銭消費 　　貸借同日設定 債権額　金何万円 利息　年何％ 損害金　年何％ 債務者　何市何町一丁目 34 番地 　　乙　某 抵当権者　何市何町二丁目 12 番地 　　甲　某 令和何年何月何日登記
何	何番抵当権抹消	（事項省略）	（事項省略）
何	何番抵当権回復	令和何年何月何日 第何号	原因　錯誤

248

書式4　地上権の移転の登記を回復する場合

　登記の回復は、抹消された登記が所有権に関する登記である場合のみならず、抹消された登記が所有権以外の権利に関する登記である場合にも認められることは、いうまでもない。

　そこで、乙から甲への地上権の移転の登記がされている不動産について、乙を登記権利者、甲を登記義務者とする当該地上権の移転の登記の抹消の登記がされたところ、抹消の原因とされた法律行為若しくは事実が不存在であり、又は法律行為が無効等であった場合には、当該抹消の登記申請の場合とは逆に、甲を登記権利者、乙を登記義務者とする共同申請により、当該抹消された地上権の移転の登記の回復を申請することができる。

　この書式は、乙から甲への地上権の移転の登記が、抹消すべき原因が存在しないにもかかわらず誤って抹消されたため、登記権利者（回復する地上権の登記名義人）甲と登記義務者（回復する地上権の前登記名義人（登記記録上の現在の登記名義人））乙が共同して、当該地上権の移転の登記の回復を申請する場合の記載例である。

書式
4
（地上権回復）

【登記申請書】

```
┌─────────────────────────────────────────┐
│        ＊受付番号票をはり付ける部分        │
└─────────────────────────────────────────┘
```

登 記 申 請 書

登記の目的　　何番付記何号地上権移転登記回復（注 1）

原　　　因　　錯誤（注 2）

回復すべき登記（注 3）

　　　　　　　　令和何年何月何日受付第何号

　　　　　　　　順位何番付記何号地上権移転

　　　　　　　　原　　因　　令和何年何月何日売買

　　　　　　　　地上権者　何市何町二丁目 12 番地

　　　　　　　　　　　　甲　　　　　某

権　利　者　　何市何町二丁目 12 番地

　　　　　　　　　　甲　　　　某（注 4）

義　務　者　　何市何町一丁目 34 番地

　　　　　　　　　　乙　　　　某（注 5）

添 付 書 類

　　　登記識別情報又は登記済証（注 6）　　登記原因証明情報（注 7）

　　　会社法人等番号又は資格証明書（注 8）　　代理権限証書（注 9）

登記識別情報（登記済証）を提供（又は提出）することができない理由（注 10）

　□不通知　　□失効　　□失念　　□管理支障　　□取引円滑障害

　□その他（　　　　　　　　　）

その他の事項

　　登記所での登記完了証の交付及び原本の還付を希望する（注 11）

┌───┐
│又は   │
│　登記完了証の交付及び原本の還付は送付の方法によることを希望す │
│る（注 11）   │
│　　送付先　申請人又は代理人の住所又は事務所宛て（注 12）   │
└───┘

令和何年何月何日申請（注 13）　　何法務局何支局（出張所）（注 14）

```
代　理　人　　　何市何町何丁目何番地
                        何　　　　　　某㊞（注 15）
                    連絡先の電話番号○○－○○○○－○○○○（注 16）
登録免許税　　　金 1,000 円（注 17）
不動産の表示（注 18）
    不動産番号　　1234567890123（注 19）
    所　　在　　　何市何町何丁目
    地　　番　　　123 番
    地　　目　　　宅地
    地　　積　　　200.10 平方メートル
```

書式 4（地上権回復）

（**注 1**）　登記の目的（令 3 条 5 号）は、誤って抹消された地上権の移転の
　　　　　登記を回復する登記であるから、回復する地上権の移転の登記を順位
　　　　　番号で特定して、「何番付記何号地上権移転登記回復」と記載する。

（**注 2**）　【書式 1】の（**注 2**）参照。

（**注 3**）　回復すべき登記の登記事項として、その登記の受付年月日、受付
　　　　　番号、順位番号のほか、抹消された登記の目的、原因及びその日付、
　　　　　地上権者の氏名又は名称及び住所を記載する（令別表 27 項申請情報
　　　　　欄）。

（**注 4**）　登記権利者（法 60 条）として、回復する地上権の移転の登記名義
　　　　　人（地上権者）の氏名又は名称及び住所を記載し（令 3 条 1 号）、登記
　　　　　権利者が会社等の法人の場合には、その代表者の氏名をも記載する
　　　　　（同条 2 号）。これらの記載は、抹消された登記記録及び（**注 7**）の登
　　　　　記原因証明情報の表示と合致していなければならない（法 25 条 4 号・
　　　　　8 号）。なお、登記権利者が代理人を選任しないで自ら申請するときは、
　　　　　氏名（法人の場合は代表者の氏名）の次に押印する（令 16 条 1 項）。

（**注 5**）　登記義務者（法 60 条）として、回復する地上権の移転の前登記名
　　　　　義人（登記記録上の現在の登記名義人）の氏名又は名称及び住所を記
　　　　　載し（令 3 条 1 号）、登記義務者が会社等の法人の場合には、その代表
　　　　　者の氏名をも記載する（同条 2 号）。これらの記載は、登記記録及び
　　　　　（**注 7**）の登記原因証明情報の表示と合致していなければならない（法

25 条 7 号・8 号）。なお、登記義務者が代理人を選任しないで自ら申請するときは、氏名（法人の場合は代表者の氏名）の次に押印する（令16 条 1 項）。

(注 6)　登記義務者が、当該不動産について地上権の設定又は移転の登記をしたときに、登記所から通知された登記識別情報（法 22 条）を提供する。登記識別情報の提供方法は、登記識別情報を記載した書面を封筒に入れ、この封筒に登記義務者の氏名又は名称及び登記の目的を記載し、登記識別情報を記載した書面が在中する旨を明記する（規則 66条 1 項 2 号・2 項・3 項）。平成 16 年法律第 123 号による不動産登記法施行前に地上権の設定又は移転の登記を受けた登記義務者が最初に当該登記所に申請する場合には、従来の登記済証を提出することになる（法 22 条、同附則 7 条）。

　　なお、この場合において、登記識別情報又は登記済証を提供又は提出することができないときは、登記官は登記義務者に対して、当該申請があった旨、及び当該申請の内容が真実であれば 2 週間以内にその旨の申出をすべき旨を通知することになる（法 23 条 1 項、規則 70 条8 項）。ただし、登記官が資格者代理人から登記義務者であることを確認するために必要な情報の提供を受け、かつ、その内容を相当と認めたとき（法 23 条 4 項 1 号、規則 72 条）、又は公証人から登記義務者であることを確認するために必要な認証がされ、かつ、登記官がその内容を相当と認めたときは（法 23 条 4 項 2 号）、登記義務者への通知は要しない（法 23 条 4 項柱書）。

(注 7)　【書式 1】の（注 5）参照。

(注 8)・(注 9)　【書式 2】の（注 8）・（注 9）参照。

(注 10)　【書式 2】の（注 12）参照。

(注 11) から **(注 14)**　【書式 1】の（注 8）から（注 11）参照。

(注 15)　【書式 2】の（注 17）参照。

(注 16)・(注 17)　【書式 1】の（注 13）・（注 14）参照。

(注 18)　不動産の表示として、当該土地の所在する市、区、郡、町、村及び字、地番、地目、地積を記載する（令 3 条 7 号）。これらの記載は、登記記録の記録と合致していなければならない（法 25 条 6 号）。

（**注19**）　不動産を識別するための番号（不動産番号。法27条4号、規則90条）を記載したときは、（**注18**）の土地の所在、地番、地目及び地積の記載を省略することができる（令6条1項1号）。

〔別記様式 1〕

登 記 原 因 証 明 情 報

1　登記申請情報の概要
　(1)　登記の目的　　何番付記何号地上権移転登記回復
　(2)　原　　　因　　錯誤
　(3)　当　事　者　　権利者　　何市何町二丁目 12 番地
　　　　　　　　　　　　　　　（甲）甲　　　　某
　　　　　　　　　　義務者　　何市何町一丁目 34 番地
　　　　　　　　　　　　　　　（乙）乙　　　　某
　(4)　不動産の表示（省略）
2　登記の原因となる事実又は法律行為
　　甲と乙は、乙所有の上記1の(4)に記載した土地について、令和何年何月何日売買を原因とする地上権の移転の登記（令和何年何月何日受付第何号順位何番付記何号）をしたが、令和何年何月何日、誤って、当該地上権の移転の登記を抹消した。
　　よって、錯誤を原因として、当該地上権の移転の登記の回復をする。

　　令和何年何月何日　　　何法務局何支局（出張所）
　　　上記の登記原因のとおり相違ありません。

　　　　　　　　　　　権利者　　何市何町二丁目 12 番地　　甲　　　某　㊞
　　　　　　　　　　　義務者　　何市何町一丁目 34 番地　　乙　　　某　㊞

〔別記様式 2〕

委　任　状

何市何町何丁目何番地
何　　某

　私たちは、上記の者を代理人と定め、令和何年何月何日付け登記原因証明情報のとおりの回復登記の申請に関する一切の権限を委任します。

　令和何年何月何日

　　　　登記権利者　　何市何町二丁目 12 番地　　甲　　某㊞
　　　　登記義務者　　何市何町一丁目 34 番地　　乙　　某㊞

第3　建物滅失登記の抹消

書式 5　建物滅失登記を抹消する場合

　抹消登記の回復は、抹消の当時に遡って抹消がなかったものと同様の効果を生ぜしめるためにするものであるから、抹消回復の登記は、権利に関する登記についてのみ認められるものと解され、不動産の現況を登記することを目的とする表示に関する登記については、抹消回復の登記をすべき実益は存在しないといえる。また、不動産が滅失したとして、その登記記録が誤って又は違法に閉鎖された場合であっても、法令上、その回復登記をすることができる旨の規定は存在しないから、登記記録の滅失回復（法13 条）の場合とは異なり、新たな表題登記を申請するほかない。

　もっとも、登記実務においては、誤って不動産の滅失の登記をし、登記記録が閉鎖された場合でも、当該登記記録を回復する滅失の登記の「抹消」が認められている（昭和 37・3・13 民事甲第 647 号民事局長回答）。これは、滅失の登記を「抹消」する結果として、一旦閉鎖された登記記録を回復するものであって、法 72 条に規定する「抹消された登記の回復」ではないと解されているからである。

　当該抹消の登記は表示に関する登記ではあるが、権利に関する抹消回復の登記に準じて表示に関する登記を回復するものであり、また、当該登記をすることによって閉鎖された登記記録に記録されている権利に関する登記をも回復することになるため、当該抹消の登記には、登記原因証明情報の提供を要するものと解される。

　なお、錯誤を理由に、不動産の滅失の登記を抹消して閉鎖した登記記録を回復する場合において、当該不動産について、既に第三者名義による表題登記がされているときは、これを抹消して登記記録を閉鎖しない限り、回復の登記はすることができないとされている（昭和 37・2・8 民事甲第270 号民事局長回答、昭和 37・11・1 民事甲第 3172 号民事局長電報回答）。

　この書式は、建物が滅失していないにもかかわらず、誤って滅失登記がされたため、当該建物について滅失登記がされたときの所有権の登記名義人が、当該滅失登記の抹消の登記を申請する場合の記載例である。

【登記申請書】

```
┌─────────────────────────────┐
│     ＊受付番号票をはり付ける部分     │
└─────────────────────────────┘
```

登　記　申　請　書

登記の目的　　建物滅失登記抹消（**注1**）

原　　　因　　滅失登記錯誤（**注2**）

申　請　人　　何市何町二丁目 12 番地

　　　　　　　　　　甲　　　　某（**注3**）

添 付 書 類

　　登記原因証明情報（**注4**）　　会社法人等番号又は資格証明書（**注5**）

　　代理権限証書（**注6**）

その他の事項

　登記所での登記完了証の交付及び原本の還付を希望する（**注7**）

```
┌──────────────────────────────────┐
│ 又は                               │
│   登記完了証の交付及び原本の還付は送付の方法によることを希望す │
│ る（注7）                            │
│   送付先　申請人又は代理人の住所又は事務所宛て（注8）      │
└──────────────────────────────────┘
```

令和何年何月何日申請（**注9**）　　何法務局何支局（出張所）（**注10**）

代　理　人　　何市何町何丁目何番地

　　　　　　　　　　何　　　　某㊞（**注11**）

　　　　　　　　連絡先の電話番号○○－○○○○－○○○○（**注12**）

不動産の表示（**注13**）

不動産番号		1234567890123（**注14**）			
建物の	所　　在	何市何町何丁目 123 番地			
	家屋番号	123 番			
	主たる建物又は附属建物	① 種　類 ② 構　造	③ 床 面 積 m²		登記原因及びその日付
		居　宅　木造かわらぶき 平家建	50：00		

表示						

(注1)　登記の目的（令 3 条 5 号）は、「建物滅失登記抹消」と記載する。

(注2)　登記原因（令 6 条 3 号）として、「滅失登記錯誤」と記載する。なお、その日付の記載は要しない。

(注3)　申請人として、錯誤により滅失の登記がされたときの所有権の登記名義人の氏名又は名称及び住所を記載し（令 3 条 1 号）、申請人が会社等の法人の場合には、その代表者の氏名をも記載する（同条 2 号）。これらの記載は、閉鎖された登記記録及び（注4）の登記原因証明情報の表示と合致していなければならない（法 25 条 4 号・8 号）。なお、申請人が代理人を選任しないで自ら申請するときは、氏名（法人の場合は代表者の氏名）の次に押印する（令 16 条 1 項）。

(注4)・(注5)　【書式 1】の（注5）・（注6）参照。

(注6)　申請人が代理人によって登記を申請するときは、その代理権限を証する情報〔委任状。別記様式 2 参照〕を提供する（令 7 条 1 項 2 号）。この情報が書面であって、登記官その他の公務員が職務上作成したものであるときは、作成後 3 か月以内のものでなければならない（令 17 条 1 項）。ただし、申請人が会社法人等番号を有する法人であって、支配人等が当該法人を代理して登記の申請をする場合は、当該代理人の代理権限を証する情報の提供を要しない（規則 36 条 3 項）。

　なお、法人（土地家屋調査士法人）である代理人によって登記の申請をする場合において、当該代理人の会社法人等番号を提供したときは、当該会社法人等番号の提供をもって、当該代理人の代表者の資格を証する情報の提供に代えることができる（規則 37 条の 2）。

(注7) から (注10)　【書式 1】の（注8）から（注11）参照。

(**注 11**)　申請人が代理人によって登記を申請するときは、その代理人の氏名又は名称及び住所並びに代理人が法人の場合は代表者の氏名を記載し（令 3 条 3 号）、記名押印する（令 16 条 1 項）。ただし、代理人が申請書に署名したときは記名押印を要しない（規則 47 条 1 号）。この記載は、（**注 6**）の代理権限を証する情報（委任状）の受任者の記載と合致していなければならない（法 25 条 4 号）。

(**注 12**)　【書式 1】の（**注 13**）参照。

(**注 13**)　不動産の表示として、当該建物の所在する市、区、郡、町、村、字及び土地の地番、家屋番号、種類、構造及び床面積等を記載する（令 3 条 8 号）。これらの記載は、登記記録の記録と合致していなければならない（法 25 条 6 号）。

(**注 14**)　不動産を識別するための番号（不動産番号。法 27 条 4 号、規則 90 条）を記載したときは、（**注 13**）の建物の所在、家屋番号、種類、構造及び床面積等の記載を省略することができる（令 6 条 1 項 2 号）。

〔別記様式 1〕

登 記 原 因 証 明 情 報

1　登記申請情報の概要
　(1)　登記の目的　　建物減失登記抹消
　(2)　原　　　因　　減失登記錯誤
　(3)　申　請　人　　何市何町二丁目 12 番地
　　　　　　　　　　　（甲）甲　　　　　某
　(4)　不動産の表示（省略）
2　登記の原因となる事実又は法律行為
　　上記 1 の(4)に記載した建物の所有者である甲は、当該建物について、令
和何年何月何日、取壊しを原因として減失の登記を申請したが、取り壊し
た建物は、未登記の物置であった。
　　よって、減失登記錯誤を原因として、当該建物減失登記の抹消登記をす
る。

　　令和何年何月何日　　　何法務局何支局（出張所）
　　　上記の登記原因のとおり相違ありません。

　　　　　　　　　　申請人　　何市何町二丁目 12 番地　　甲　　　　某 ㊞

260

〔別記様式2〕

委　任　状

何市何町何丁目何番地

何　　某

　私は、上記の者を代理人と定め、令和何年何月何日付け登記原因証明情報のとおりの抹消登記の申請に関する一切の権限を委任します。

　令和何年何月何日

　　登記申請人　　何市何町二丁目 12 番地　　甲　　某 ㊞

〔記録例 184〕滅失の登記の錯誤による登記記録の回復の場合

表題部（主である建物の表示）		調製	余　白		不動産番号	1 2 3 4 5 6 7 8 9 0 1 2 3
所在図番号	余　白					
所　　在	何市何町何丁目　123 番地				余　白	
	何市何町何丁目　123 番地				余　白	
家屋番号	123 番				余　白	
	123 番				余　白	
①　種　類	②　構　造		③　床　面　積　m²		原因及びその日付〔登記の日付〕	
居宅	木造かわらぶき平家建			50：00	令和何年何月何日新築〔令和何年何月何日〕	
余　白	余　白		余　白		令和何年何月何日取壊し〔令和何年何月何日　同日閉鎖〕	
居宅	木造かわらぶき平家建			50：00	滅失登記錯誤〔令和何年何月何日　登記記録回復〕	

※以下参考

〔記録例 185〕附属建物の滅失の登記の錯誤による回復の場合

表題部（主である建物の表示）		調製	余 白		不動産番号	1 2 3 4 5 6 7 8 9 0 1 2 3
所在図番号	余 白					
(事項一部省略)						
表 題 部 （附属建物の表示）						
符号	①種類	② 構 造	③ 床 面 積 m²		原因及びその日付〔登記の日付〕	
1	倉庫	木造スレート ぶき平家建		50:00	〔令和何年何月何日〕 令和何年何月何日取壊し 〔令和何年何月何日〕	
1	倉庫	木造スレート ぶき平家建		50:00	取壊しによる変更登記錯誤、抹消回復 〔令和何年何月何日〕	
所有者	甲市乙町二丁目8番 甲 某					

〔記録例 80〕滅失登記の錯誤による登記記録の回復の場合

表 題 部 （土地の表示）		調製	余 白	不動産番号	1 2 3 4 5 6 7 8 9 0 1 2 3
地図番号	余 白	筆界特定	余 白		
所 在	甲市乙町二丁目			余 白	
	甲市乙町二丁目			余 白	
① 地 番	② 地 目	③ 地 積 m²		原因及びその日付〔登記の日付〕	
32番	宅地		150:00	余 白	
余 白	余 白	余 白		令和何年何月何日海没 〔令和何年何月何日 同日閉鎖〕	
32番	宅地		150:00	滅失登記錯誤 〔令和何年何月何日 登記記録回復〕	

事 項 索 引

判　例　索　引

先　例　索　引

266

不動産登記の書式と解説
第8巻　代位・登記名義人の表示変更(又は更正)・
　　　 抹消回復に関する登記

2024年3月8日　初版発行

著　　者　　不動産登記実務研究会

発行者　　和　田　　　裕

発行所　　日本加除出版株式会社
本　　　社　　〒171-8516
　　　　　　　東京都豊島区南長崎3丁目16番6号

組版・印刷・製本　㈱アイワード

定価はカバー等に表示してあります。
落丁本・乱丁本は当社にてお取替えいたします。
お問合せの他、ご意見・感想等がございましたら、下記まで
お知らせください。

〒171-8516
東京都豊島区南長崎3丁目16番6号
日本加除出版株式会社　営業企画課
電話　　03-3953-5642
FAX　　03-3953-2061
e-mail　toiawase@kajo.co.jp
URL　　www.kajo.co.jp

Q&A 権利に関する登記の実務（全15巻）

小池信行・藤谷定勝 監修　不動産登記実務研究会 編著

● 押さえておくべき知識から希少な事例まで、現場での疑問・実例を網羅。
● 各設問には、根拠条文・先例・判例と関連付けた具体的な解説に加えて簡潔明瞭な答を用意。
● 判例索引、先例索引、事項索引も収録。

Ⅰ・Ⅱ 第1編 総論（上）・（下）

Ⅰ　2006年7月刊 A5判 368頁 定価3,630円（本体3,300円）ISBN978-4-8178-3746-2　商品番号：49040　略号：権実1

Ⅱ　2007年3月刊 A5判 558頁 定価5,280円（本体4,800円）ISBN978-4-8178-3764-6　商品番号：49041　略号：権実2

Ⅲ・Ⅳ 第2編 所有権に関する登記（上）・（下）

Ⅲ　2008年4月刊 A5判 424頁 定価4,070円（本体3,700円）ISBN978-4-8178-3791-2　商品番号：49042　略号：権実3

Ⅳ　2008年4月刊 A5判 344頁 定価3,300円（本体3,000円）ISBN978-4-8178-3792-9　商品番号：49043　略号：権実4

Ⅴ・Ⅵ 第3編 用益権に関する登記（上）・（下）

Ⅴ　2009年12月刊 A5判 468頁 定価4,620円（本体4,200円）ISBN978-4-8178-3853-7　商品番号：49044　略号：権実5

Ⅵ　2009年12月刊 A5判 440頁 定価3,960円（本体3,600円）ISBN978-4-8178-3854-4　商品番号：49045　略号：権実6

Ⅶ・Ⅷ・Ⅸ・Ⅹ 第4編 担保権に関する登記（一）・（二）・（三）・（四）

Ⅶ　2011年7月刊 A5判 724頁 定価6,490円（本体5,900円）ISBN978-4-8178-3941-1　商品番号：49046　略号：権実7

Ⅷ　2011年7月刊 A5判 500頁 定価4,950円（本体4,500円）ISBN978-4-8178-3942-8　商品番号：49047　略号：権実8

Ⅸ　2012年8月刊 A5判 568頁 定価5,500円（本体5,000円）ISBN978-4-8178-4005-9　商品番号：49048　略号：権実9

Ⅹ　2012年8月刊 A5判 512頁 定価4,950円（本体4,500円）ISBN978-4-8178-4006-6　商品番号：49049　略号：権実10

Ⅺ・Ⅻ 第5編 仮登記（上）・（下）

Ⅺ　2014年3月刊 A5判 404頁 定価3,960円（本体3,600円）ISBN978-4-8178-4148-3　商品番号：49141　略号：権実11

Ⅻ　2014年3月刊 A5判 404頁 定価3,960円（本体3,600円）ISBN978-4-8178-4149-0　商品番号：49142　略号：権実12

ⅩⅢ 第6編 変更の登記／更正の登記／抹消の登記／抹消回復の登記

2014年11月刊 A5判 616頁 定価6,050円（本体5,500円）ISBN978-4-8178-4202-2　商品番号：49143　略号：権実13

ⅩⅣ 第7編 信託に関する登記／判決による登記／代位による登記

2015年12月刊 A5判 736頁 定価6,600円（本体6,000円）ISBN978-4-8178-4280-0　商品番号：49144　略号：権実14

ⅩⅤ 第8編 嘱託登記／各種財団等に関する登記／船舶に関する登記／その他の登記

2016年11月刊 A5判 724頁 定価6,600円（本体6,000円）ISBN978-4-8178-4361-6　商品番号：49145　略号：権実15

日本加除出版

〒171-8516 東京都豊島区南長崎3丁目16番6号
営業部　TEL（03）3953-5642　FAX（03）3953-2061
www.kajo.co.jp